FRANK HOFMANN

MARATHON ZU GOTT

EIN SPIRITUELLER TRAININGSPLAN

*Mit einem Interview mit Margot Käßmann
und Tipps zum meditativen Laufen*

D1640843

Gütersloher Verlagshaus

Bibliografische Information der Deutschen Nationalbibliothek

Die Deutsche Nationalbibliothek verzeichnet diese Publikation
in der Deutschen Nationalbibliografie; detaillierte bibliografische Daten
sind im Internet über http://dnb.d-nb.de abrufbar.

Quellennachweis:
Die Bibelzitate stammen, wo nicht anders angegeben, aus: Lutherbibel, revidierter Text 1984,
durchgesehene Ausgabe in neuer Rechtschreibung. © 1999 Deutsche Bibelgesellschaft, Stuttgart.

Verlagsgruppe Random House FSC-DEU-0100
Das für dieses Buch verwendete FSC-zertifizierte Papier
Munken Premium Cream liefert Arctic Paper Munkedals AB, Schweden.

1. Auflage
Copyright © 2011 by Gütersloher Verlagshaus, Gütersloh,
in der Verlagsgruppe Random House GmbH, München

Titelbild und S. 12: © Erik Isakson/Tetra Images/Corbis
Fotos innen: S. 8: © Maxim Malevich – Fotolia.com
Wegweiser an den Kapitelanfängen: © cheetah – Fotolia.com
S. 30, 56, 80, 108, 134, 162, 168: © Kai Krueger – Fotolia.com
S. 31, 57, 81, 109, 135, 163, 169, 175: © Tristan 3D – Fotolia.com
Satz: Satz!zeichen, Landesbergen
Druck und Einband: Těšínská tiskárna, a.s., Český Těšín
Printed in Czech Republic
ISBN 978-3-579-06570-0

www.gtvh.de

INHALT

START

Keine Sorge, bei diesem Marathon müssen Sie nicht ins Schwitzen kommen, Sie müssen dafür auch nicht trainieren, noch nicht einmal Laufschuhe kaufen. Aber Sie werden, wenn Sie diesem Buch folgen, ähnliche Erfahrungen machen wie ein Marathonläufer. Wenn Sie bislang allem Religiösen skeptisch gegenüberstehen, werden Sie vielleicht einige Abschnitte brauchen, um Ihren Rhythmus zu finden. Ich setze bei meiner Argumentation zwar nichts voraus und vertraue ganz der Kraft der rationalen Überzeugung. Aber die Auseinandersetzung mit nicht alltäglichen Fragen bedarf immer einer gewissen Eingewöhnung.

Nach der werden Sie, so würde ich es mir jedenfalls wünschen, wie ein Marathonläufer ab Kilometer zehn euphorisch dahinschweben, getragen von der Freude über neue Einsichten, bis irgendwann eine Ermüdungsphase eintritt. Marathonläufer sprechen vom »Hammermann«, weil es wie ein Schlag mit dem Hammer ist, wenn plötzlich die leicht verfügbaren Energievorräte des Körpers aufgebraucht sind und sich der Stoffwechsel umstellen muss. Wie ein Läufer spüren Sie möglicherweise bei der Lektüre alte Verletzungen wieder, vielleicht fragen Sie sich auch: Warum mache ich das überhaupt? Wenn Sie dann dabeibleiben, werden Sie hoffentlich einen »zweiten Wind« spüren, eine neue Euphorie, die Sie bis über die Ziellinie trägt.

So ähnlich ging es mir jedenfalls bei meiner Annäherung an Gott. Ich hätte es einfacher haben können. Meine Eltern haben mich im christlichen Glauben erzogen, aber der kam mir abhanden, als ich mich gegen Ende meiner Schulzeit für die Philosophie begeisterte. In meinem jugendlichen Erkenntnisdrang schien mir dieser Weg schneller und ohne Umwege zur Wahrheit zu führen. Immerhin gewann ich während meines Philosophie-Studiums einen Eindruck davon, wie begrenzt die Möglichkeiten unseres

Verstandes sind und dass gerade die Fragen nach dem Wahren und nach dem Guten unter Philosophen nicht befriedigend beantwortet werden (können). Die Vorschläge, die wissenschaftlichen Standards genügen, präsentieren oft nicht mehr als lapidare Einsichten – aber das mit einem ungeheuren methodischen Aufwand. Und die Vorschläge, die sich spannend lesen, sind meist methodisch zweifelhaft. Ich erkannte, dass meine anfängliche Faszination in Wirklichkeit den aufwändigen Methoden galt und nicht den kümmerlichen Ergebnissen.

Jahre später begann ich wieder, nach einer bleibenden Orientierung zu suchen. Bis dahin mäanderte ich von Projekt zu Projekt, versuchte, wie man so sagt, das Leben zu genießen, bis ich für mich feststellte: Das kann nicht alles sein! Die Dringlichkeit, mit der sich für mich die Frage nach bleibenden Werten, nach übergreifenden Zielen stellte, passte nicht zu der Banalität der Antworten, die ohne Transzendenz, ohne Gott möglich sind. Und so entstand bei mir als Erstes der Wille, den Weg zum Glauben wieder zu finden.

Wenig später kam das Gefühl dazu. Mit Anfang 40 lernte ich die große Liebe meines Lebens kennen, die alle bisherigen Erfahrungen dieser Art in den Schatten stellte. Ein atheistisches Weltbild kann das nur mit einer hormonellen Disposition erklären, aber das reichte mir nicht aus. Ich spürte, dass diese Kraft mehr war als ein chemischer Cocktail im Körper. Als im vergangenen Jahr unsere Tochter geboren wurde, ist mir diese Vermutung zur Gewissheit geworden.

Nun begann der schwierigste Teil: nämlich den Verstand, der mich vor 30 Jahren vom Glauben wegführte, wieder in die umgekehrte Richtung zu bewegen. In einem Redemanuskript der ehemaligen Bischöfin Margot Käßmann las ich Sätze, die mir die Größe dieser Herausforderung deutlich machten und mich zugleich dazu motivierten:

>*Der jüdische Philosoph und Theologe Martin Buber hat einmal gesagt, es gebe zwei Weisen, in den Glauben hineinzufinden: Das eine sei der Glaube, der von den Vätern (und Müttern) ererbt wird, in den wir also als Kinder selbstverständlich hineingeführt werden. Das andere sei der Glaube, der durch eigenes Forschen und Suchen geprägt sei. Und unerschütterlich werde der Glaube, bei dem beides zusammenkomme* (Käßmann 2004, 3).**

---

* Die vollständigen bibliografischen Angaben für alle Quellenverweise sind im Literaturverzeichnis ab Seite 182 zu finden.

Die zweite Möglichkeit ist bei Weitem die anstrengendere. Bei der ersten wird uns das Ergebnis geschenkt, bei der zweiten müssen wir es uns selbst erarbeiten. Mir ging es ähnlich wie dem Vater des behinderten Kindes bei seiner Begegnung mit Jesus, von der das Markusevangelium berichtet. Als Jesus ihm sagt, dass mit Hilfe des Glaubens alles, selbst die Heilung seines Sohnes möglich sei, schreit der Vater verzweifelt: »Ich glaube, hilf meinem Unglauben!« (Mk 9,24)

Ich stellte fest, dass es nicht viele Bücher gibt, die auf diese Situation zugeschnitten sind. Spirituelle Literatur enthält meist viele Voraussetzungen, die man als Glaubenslehrling noch nicht teilen will. Auch die Sprache blieb mir fremd, erst recht das gesprochene Wort in einem Gottesdienst, egal welcher Konfession. Schließlich waren es die Bücher zweier Theologen, die mich auf der Suche nach einem Zugang weiterbrachten: die von Margot Käßmann und von Hans Küng (vor allem Käßmann 2007 und Küng 1974). Diese genauso klug wie leidenschaftlich geschriebenen Bücher, die immer auch den Skeptiker mitnehmen wollen, bauten mir eine Brücke vom Ufer der Rationalität zur Glaubenserfahrung und zur Theologie, deren Studium ich mich mit wachsender Begeisterung widmete.

Allerdings entstand diese Brücke nicht im Schnellverfahren, sie wurde Stein für Stein gebaut. Der christliche Glaube ist keine Theorie, die auf wenigen Grundannahmen aufbaut und deren Gesamtzusammenhang sich schnell ergibt, wenn man diese Annahmen für sich akzeptiert. Der Weg zum Glauben bleibt Schritt für Schritt ein Abenteuer.

Dabei haben mir meine täglichen Läufe sehr geholfen. Auf viele Fragen, die mich zunächst blockierten, fand ich auf meinen Laufstrecken eine Antwort, indem ich das Gelesene einfach wirken ließ. Lockeres Laufen schenkt die Möglichkeit, unangestrengt über komplexe Dinge nachzudenken. Setzen Sie sich mal still in einen Sessel und versuchen Sie, über Ihre Ziele und Werte nachzudenken. Versuchen Sie dann das Gleiche bei einem Spaziergang in der Natur. Ich bin mir sicher, dass Ihnen Letzteres leichter fällt. Gegenüber Spazierengehen hat Laufen den Vorteil, dass Ihr Gehirn noch besser mit Sauerstoff versorgt wird und die Bewegungen rhythmischer sind. Dieser Rhythmus fördert die Meditation – also das lockere Nachdenken, das zu heilsamen Erkenntnissen führt. Nachdenken und heilen, lateinisch »meditari« und »mederi«, sind die Wurzeln des Fremdworts »Meditation«.

Mit diesem Buch möchte ich versuchen, meinen Weg schrittweise und in allgemeiner Form zu rekonstruieren und den christlichen Glauben für den zweifelnden Verstand fassbar zu machen. Jede der 42,2 Wegmarken, entsprechend den 42,195 Kilometern eines Marathons, besteht aus einer Frage und einer Antwort. Am Anfang steht die Frage nach dem Sinn des Lebens, die weiteren Fragen setzen inhaltslogisch bei dem vorausgehenden Antwortvorschlag an. Wenn Sie dem Weg folgen können, werden Sie eine neue Perspektive für Ihr Leben gewinnen – eine Perspektive, die Ihnen Orientierung, Kraft und Zuversicht geben kann. Starten Sie zu einem Marathon, der Ihnen viel mehr Kraft geben kann, als er Sie kostet.

Läufern bietet sich eine besondere Möglichkeit der Lektüre. Sie können sich auf Ihren Trainingseinheiten jeweils ein Kapitel zum Meditieren mitnehmen. So widmen Sie Ihre nächsten 42 Läufe dem Näherkommen zu Gott, gestalten quasi Ihren eigenen Pilgerweg. Wenn Sie mit dem Laufen, insbesondere mit dem meditativen Laufen erst vertraut werden wollen, helfen Ihnen die Anhänge A und B: Im ersten schildert die langjährige Freizeitläuferin Margot Käßmann ihre Sicht des Zusammenhangs zwischen Laufen und Spiritualität. Im zweiten finden Sie ganz konkrete Einstiegstipps für das Laufen allgemein und die Meditation dabei im Speziellen, die Sie ohne weitere Vorbereitung praktisch umsetzen können. Im Anschluss daran skizziere ich eine »Lauf-Liturgie«, die mir auf meinen Läufen hilft, Gottes Nähe zu erfahren.

Es hat sich beim Aufbau der Argumentation ergeben, dass die ersten zehn Wegmarken zu Gott hinführen, die zweiten zehn zu Jesus Christus, bis zur Halbmarathon-Marke erreichen wir den Heiligen Geist. Auf der zweiten Hälfte des Marathons beschäftigen wir uns mit christlicher Ethik sowie den Möglichkeiten, Bedrohungen und Aussichten eines christlich fundierten Lebens. Nach jeweils sieben »Kilometern« finden Sie eine »Verpflegungsstation« mit, so hoffe ich, spannenden und erbaulichen Hintergrund-Informationen, die aber nicht zwingend zur Argumentationslinie gehören.

Unter Läufern sagt man, dass der Marathon der »Mount Everest des kleinen Mannes« sei – eine ganz und gar außergewöhnliche Leistung, die aber prinzipiell jedem möglich ist, der sich ernsthaft und gründlich vorbereitet. Den Weg zu Gott zu finden, ist eine vergleichbare Herausforderung. Wer sich gedanklich offen und mit ausdauerndem Willen auf die Suche begibt, wird mit dem größten denkbaren Schatz belohnt. Zu diesem schönen Erlebnis will Ihnen das vorliegende Buch verhelfen.

42,2 WEGMARKEN UND
6 VERPFLEGUNGSSTATIONEN

1 KM

HAT DAS LEBEN ÜBERHAUPT EINEN SINN?

Diese Frage stellen wir uns normalerweise nur in Situationen, in denen die Antwort nicht naheliegt und uns schwerfällt: wenn wir gerade eine Krise durchleben, wenn wir eine besonders belastende Erfahrung zu verkraften haben – oder wenn wir Bilanz ziehen wollen, zum Beispiel am Ende eines Lebens- oder Kalenderjahres. Zu diesen Gelegenheiten sind wir besonders kritisch mit uns und unserem Schicksal. Solange wir mit uns selbst im Reinen sind, kommt uns die Sinnfrage gar nicht in den Sinn. Wenn sie uns gestellt werden würde, fänden wir sie wohl deplatziert und unnötig, weil wir das Leben in diesen Momenten selbstverständlich als sinnvoll empfinden, auch wenn wir den Sinn sprachlich vielleicht nicht gleich auf den Punkt bringen könnten.

Kaum ein Mensch ist immer mit sich im Reinen. Und kaum ein Mensch befindet sich immer in Krisensituationen. Deshalb dürfte für die meisten von uns gelten: Unser Leben besteht aus einer Folge von Sinnepisoden, in denen wir unser Leben als erfüllt, als sinnvoll empfinden. Dazwischen liegen mehr oder minder schwere Krisen, in denen wir uns neu zu orientieren versuchen. So war es auch bei mir. Irgendwann schaute ich auf eine ganze Reihe solcher Sinnepisoden zurück und fragte mich: Was ist denn hier die rote Linie? Die berufliche Karriere? Eine gefährliche Orientierung, weil diese Linie in der Regel lange vor der Lebenslinie endet. Materiellen Wohlstand schaffen und genießen? Das füllt auf Dauer kein Leben aus, dazu nutzt sich der Reiz der für Geld käuflichen Dinge zu schnell ab. Also fragte ich mich: Gibt es denn nicht auch einen umfassenderen Lebenssinn, der nicht nur über Wochen, Monate, Jahre trägt, sondern unser ganzes

Leben umspannt, inklusive aller Krisen, ja sogar inklusive unseres Todes?

Wenn man diese Frage verneint, wählt man einen unsicheren Kurs, der irgendwann zur Lebensangst führen wird. Warum? Angst ist das Gefühl, das sich aus einer Orientierungslosigkeit ergibt, aus einer als fremd, bedrohlich oder brüchig wahrgenommenen Umgebung. Wer jeglichen höheren Sinn ablehnt – man bezeichnet diese Haltung als Nihilismus –, läuft in Krisensituationen Gefahr, seine Orientierung dauerhaft zu verlieren und sein Lebensglück der Angst zu opfern. Keines der unser Leben begleitenden Phänomene, deren Sinn sich nicht unmittelbar erschließt – Leid, Unglück, Krankheit, Verlust –, ist nihilistisch so erklärbar, dass sich die damit verbundene Last verringert.

Das Lebensglück, das den Nihilisten bleibt, erinnert an das sprichwörtliche Pfeifen im Wald. Der französische Existenzialist Albert Camus beendet sein berühmtes Traktat »Mythos von Sisyphos – ein Versuch über das Absurde« mit dem bezeichnenden Satz: »Wir müssen uns Sisyphos als einen glücklichen Menschen vorstellen.« Schon durch die Wortwahl wird klar, dass die Konsequenzen aus einem jeglichen Sinn ablehnenden philosophischen Ansatz nur zynisch zu ertragen sind. Wer den ewig in Qualen lebenden Sisyphos glücklich nennt, muss zuallererst erklären, warum wir überhaupt weiterleben sollen. Camus war sich dieser Folge bewusst und gestand, es gebe für ihn nur ein einziges »ernstes philosophisches Problem: den Selbstmord« (Camus 1959, 9) – also die Aufgabe, zu begründen, warum wir unserem zu nichts nutzem Leben nicht einfach rasch ein Ende bereiten sollten.

Wer sich aber dafür entscheidet, die Frage nach dem Lebenssinn grundsätzlich zu bejahen, auch wenn er sie vielleicht noch nicht konkret zu beantworten weiß, folgt einem evolutionär erprobten Kurs: Er nimmt den Weg des Vertrauens und baut darauf, dass eine so fundamentale Frage wie die nach dem Lebenssinn schon eine positive Antwort finden wird. Dieses Vertrauen hat uns die Evolution in die Wiege gelegt. Im Vergleich zu den übrigen Lebewesen sind wir in unserer kindlichen Entwicklung erstaunlich lange auf die Hilfe anderer Menschen angewiesen. Das Maß an verlässlicher, sorgender und liebevoller Unterstützung, das wir im ersten Lebensjahr bekommen, entscheidet über unser Urvertrauen – das nach dem Entwicklungsmodell des Psychologen Erik Erikson wichtigste Pfund in unserer weiteren psychischen Reifung. Urvertrauen gibt uns die emotionale Sicherheit, die uns zu Selbstwertgefühl, zu belastbaren Beziehungen mit anderen und zu einer angstarmen Auseinandersetzung mit unserer Umwelt befähigt. Urvertrauen ist die Voraussetzung dafür, dass wir sinnstiftende Zusammenhänge zwischen uns und allem außerhalb unser selbst schaffen können.

Vertrauen scheint also eine sehr erfolgreiche und sinnvolle Überlebensstrategie zu sein. Damit ist keine naive Vertrauensseligkeit, kein blinder Optimismus gemeint. Vertrauen heißt ja nicht, nur noch allen anderen zu vertrauen, sondern bezieht sich auch auf den Vertrauenden selbst und seinen Verstand: Ich vertraue darauf, dass ich erkenne, ob es jemand gut mit mir meint oder nicht. Vertrauen als Grundhaltung äußert sich darin, dass man bis zum Offenbarwerden des Gegenteils an das Gute, das Gelingende, das Gewünschte glaubt. Wer vertrauen kann, sagen die Entwicklungspsychologen, ist geliebt worden. Wer darauf vertraut, dass das Leben einen Sinn hat, gibt einen Teil dieser Liebe zurück an die Welt.

Sehen wir uns auf unserem zweiten Teilabschnitt an, worin dieser Sinn des Lebens bestehen könnte – und worin nicht.

2 KM

BESTEHT DER SINN DES LEBENS NICHT EINFACH DARIN, MÖGLICHST GLÜCKLICH ZU WERDEN?

Das fast 200 Jahre alte Märchen der Brüder Grimm von »Hans im Glück« enthält bereits das wesentliche Ergebnis der modernen Glücksforschung. Sie erinnern sich: Titelheld Hans tauscht seinen Lohn für sieben Jahre Arbeit, einen Goldklumpen, zunächst gegen ein Pferd, dieses gegen eine Kuh, die Kuh gegen ein Schwein, dieses gegen eine Gans, die Gans gegen zwei Steine, die ihm schließlich in einen Brunnen fallen. Nach jedem

Tausch ist er glücklich, weil er glaubt, ein gutes Geschäft gemacht zu haben, und am glücklichsten ist er nach dem Verlust der schweren Steine: »So glücklich wie ich, rief er aus, gibt es keinen Menschen unter der Sonne.«

Alle sechs Veränderungen werden von Hans als Verbesserung seiner vorherigen Lage wahrgenommen und lösen deshalb Glücksgefühle aus. Das entspricht genau dem Resümee vieler Studien über den Einfluss verschiedener Faktoren auf unser Glücksempfinden. Dieses ist nämlich nicht mit dem Besitz bestimmter Güter oder Möglichkeiten verbunden. Es ergibt sich jeweils aus unserem aktuellen, ganz subjektiven Abgleich von Ist-Zustand und Erwartungen. Jede Änderung, die unsere Erwartung übertrifft, macht uns glücklich, jede Änderung, die uns enttäuscht, macht uns unglücklich. Klingt einfach, hat aber überraschende Konsequenzen.

Es ist durchaus möglich, dass das gleiche Ereignis uns einmal erfreut, das andere Mal für Missstimmung sorgt. Nämlich dann, wenn sich unsere Erwartungen dabei verändern. Typisches Beispiel: Wir erhalten eine Gehaltserhöhung, über die wir uns zunächst sehr freuen. Dann erfahren wir, dass unser Kollege noch mehr draufbekommen hat – und schon wandelt sich das Glücksgefühl in Neid und Ärger. Die neue Information hat unsere anfängliche Erwartung an die Gehaltserhöhung korrigiert.

Wer seinen Lebenssinn nur auf Glück baut, hat sich also ein sehr fragiles Fundament ausgewählt. Außerdem kommt man auf diesem Weg nicht voran, wie eine Langzeitstudie des US-Wirtschaftswissenschaftlers Richard Easterlin zeigte: Er befragte repräsentativ ausgewählte Bürger, welche luxuriösen Besitztümer sie haben und welche sie sich zum glücklichen Leben noch wünschen (Haus, Auto, Zweitwagen, Swimmingpool, Ferienhaus …). Bei der ersten Befragung betrug die Differenz zwischen Besitz und Wunsch 1,4 Güter (Besitz: 1,7, Wunsch: 3,1), bei der zweiten Befragung 16 Jahre später immer noch 1,2 – obwohl sich der Besitz zwischenzeitlich um 4,4 Luxusgüter vermehrt hatte. Dass dieses Paradox nicht nur für die vergleichsweise reichen USA gilt, sondern in allen Formen von Gesellschaften nachweisbar ist, bewies ein von Easterlin geführtes Ökonomenteam der University of Southern California in einer kürzlich veröffentlichten Analyse von 37 Staaten, die im Durchschnitt über 22 Jahre beobachtet wurden: Egal, ob man sich reiche oder arme Länder anschaut, exkommunistische oder spätkapitalistische Gesellschaften – nirgendwo wächst die Lebenszufriedenheit dauerhaft mit der Wirtschaft (Easterlin 2010).

Glück zerbröselt uns, sobald wir es ergreifen. Wir kommen einem plausiblen Lebenssinn aber möglicherweise näher, wenn wir eine höhere Stufe des Glücks suchen. Eine plausible Stufentheorie des Glücks stammt von dem britischen Psychologen Daniel Nettle. Er unterscheidet drei Ebenen von »happiness«: auf dem ersten Level die emotionale *Lust,* auf dem zweiten das kognitive *Glück* und auf der dritten Ebene die reflektive *Erfüllung.* Während die Lust oft hormongesteuert ist und sich unserem kognitiven Zugriff meist entzieht, ist Glück das über den Verstand gesteuerte Gefühl, das üblicherweise in den entsprechenden Glücksstudien per Befragung gemessen wird. Darüber erhebt sich auf der höchsten Stufe die »level three happiness«, die Nettle als ein anhaltendes Gefühl der Übereinstimmung mit seinen Möglichkeiten, der Kongruenz von Gewünschtem und Erreichtem beschreibt. Wer diese Erfüllung als Lebenssinn verfolgt, löst sich von kurzfristigen Stimmungsschwankungen und allzu äußerlichen Faktoren.

Nettle vergleicht diese – im Gegensatz zum Glück nicht messbare – »level three happiness« mit Aristoteles' Konzept der εὐδαιμονία (eudaimonía; wörtlich: »mit guten Dämonen«). Dieser mit »Glückseligkeit« am ehesten zu übersetzende Begriff bezeichnet das höchste Gut und Endziel menschlichen Handelns. Eudaimonía steht für sich selbst und ist im Gegensatz zu anderen Gütern kein Mittel zum Zweck, sondern ein um seiner selbst willen angestrebtes Ziel, das nach Aristoteles nur durch einen tugendhaften Lebenswandel erreichbar ist.

Lassen wir die Frage nach den Tugenden hier zunächst noch außen vor und halten vorerst nur fest: Auf einer höheren Stufe als Erfüllung oder Glückseligkeit verstanden, taugt das Streben nach Glück durchaus zum Sinn des Lebens. Es geht dann aber nicht um schwankende Befindlichkeiten, sondern darum, im Leben sein wahres Potenzial zu erreichen – mit anderen Worten: wahrhaft Mensch zu sein. Wer nach Erfüllung in diesem Sinn strebt, sucht weit mehr als die Erfüllung naheliegender Wünsche und das Stillen alltäglicher Bedürfnisse. Erfüllung in diesem Sinn strebt Ziele an, die über das eigene Leben hinausgehen. Wer wahrhaft Mensch sein möchte, hat automatisch das Menschsein der anderen im Blick. Wahrhaft Mensch sein bedeutet, in Menschlichkeit an sich den Lebenssinn zu suchen und dabei nicht nur sein eigenes, sondern das Wohl der Menschheit insgesamt im Blick zu haben.

WAS BEDEUTET MENSCHLICHKEIT
ALS LEBENSORIENTIERUNG?

Wer Menschlichkeit, Humanität, in den Mittelpunkt seiner Lebensplanung rückt, geht damit eine hohe Verpflichtung ein: Sie umfasst zunächst einmal die Bereitschaft, überhaupt moralisch zu handeln. Damit ist gemeint, dass man für sein Tun (und Nicht-Tun) Verantwortung übernimmt und sich dabei nach Normen richtet.

Dies ist keineswegs selbstverständlich. Wir sind prinzipiell frei, auch un- oder amoralisch zu handeln, gegen Normen also bewusst zu verstoßen oder uns gar nicht für sie zu interessieren. Allerdings würden wir uns dann aus dem sozialen Leben verabschieden. Denn Normen helfen uns, die Erwartungen an das Handeln anderer Menschen auf ein überschaubares Maß zu begrenzen. Wenn wir auf dem Bürgersteig als Fußgänger unterwegs sind, vertrauen wir darauf, dass kein Autofahrer uns bewusst und willentlich überfahren wird. Träfen wir diese Annahme nicht, weil solche Unfälle ja mitunter passieren, würden wir uns gar nicht mehr auf die Straße wagen. »Die Moral«, schreibt der Philosoph Detlef Horster, »hat … für die Erhaltung des sozialen Lebens eine nicht zu unterschätzende, ja zentrale funktionale Bedeutung. Jede Interaktion müsste zusammenbrechen, wenn man sich nicht darauf verlassen kann, dass Menschen pflichtgemäß handeln« (Horster, 53).

Der humanistische Ansatz hat aber neben dieser methodischen Konsequenz des moralischen Handelns auch eine inhaltliche Komponente: Der Humanist akzeptiert die Gleichwertigkeit aller Menschen und respektiert ihre Würde. Denn Menschlichkeit umfasst alles, was uns und anderen erlaubt, Mensch zu sein – allem voran Friede, Gerechtigkeit und Toleranz. Der sich als »Christ und Humanist« verstehende Theologe Hans Küng definiert Menschlichkeit als »einen ethischen *Grundbestand an Werten und Standards,* der unabhängig von ihren jeweiligen Menschenbildern von *allen* Menschen erwartet wird« (Küng 2009, 87).

Welche weiteren konkreten Schlussfolgerungen lassen sich für unser Handeln aus diesem Ansatz ziehen? Hier hilft uns Immanuel Kants kategorischer Imperativ weiter, der als *das* sittliche Grundgesetz des Humanismus gelten darf: »Handle nur nach derjenigen Maxime, durch die du zugleich wollen kannst, dass sie ein allgemeines Gesetz werde« (Kant 1786, 51). Mit anderen Worten: Richte dich in deinem Tun nur nach solchen Grundsätzen, nach denen du auch behandelt werden möchtest. Ganz einfach gesagt: Stelle dir vor, jeder würde das tun – könntest du es dann auch noch wollen?

In vielen Fällen liefert dieses Kriterium für Handlungen und Normen die gleichen Ergebnisse wie die berühmte »Goldene Regel«: Was du nicht willst, das man dir tu', das füg auch keinem anderen zu! Allerdings formuliert Kants kategorischer Imperativ unsere moralische Intuition exakter und schließt solche ungewollten Folgerungen aus, dass beispielsweise ein Verbrecher nach der Goldenen Regel von seinen Richtern Straffreiheit verlangen könnte.

Der kategorische Imperativ ist natürlich nur eine abstrakte Prüfregel, eine erste Grundsteinlegung für eine humanistische Moral. Doch bevor wir uns weiter mit Normen befassen, die aus einer der Humanität verpflichteten, moralischen Lebensgestaltung folgen, möchte ich den nächsten Abschnitt der Frage widmen, welche Instanz uns bei diesem Vorhaben am besten unterstützen kann.

4 KM

WO FINDE ICH FÜR EIN MORALISCHES LEBEN EHER HILFE: IN DER PHILOSOPHIE ODER IN DER RELIGION?

Angesichts der praktischen Bedeutung der Frage, wie wir handeln sollen, sind die Antworten der dafür zuständigen Wissenschaft recht bescheiden. Die philosophische Disziplin der Ethik, die sich mit den Problemen der Bewertung menschlichen Handelns beschäftigt, hat sich vor allem mit methodischen Themen auseinandergesetzt. Wie lassen sich moralische Urteile begründen? Können sie wahr oder falsch sein? Worauf soll sich die moralische Bewertung beziehen – auf die Gesinnung des Handelnden oder auf die Folgen seines Tuns? Darf man einen Menschen für sein Tun zur Verantwortung ziehen? Ist es überhaupt rational, moralisch zu handeln?

Natürlich sind das wichtige Vorüberlegungen, aber sie sind für jemanden, der Orientierung für seine Lebensgestaltung sucht, wenig hilfreich. Zumal die meisten Philosophen in diesen Vorüberlegungen steckengeblieben und zum normativen Teil der Ethik gar nicht vorgedrungen sind. So ging es mir während meiner Beschäftigung mit der Philosophie auch. Ich wollte mich nicht auf inhaltliche Aussagen vorwagen, solange ich nicht für mich ein methodisches Fundament geschaffen hatte. Doch erstens erreichte ich diese Sicherheit nie, zweitens verlor ich mich in der Verfolgung faszinierender Diskussionen (zum Beispiel über John Rawls berühmte »Theorie der Gerechtigkeit«[1]), die für

---

1. Ausgerechnet von diesem wohl bedeutendsten Moralphilosophen des späten 20. Jahrhunderts wurde postum bekannt, dass er zeitlebens an Gott glaubte (siehe dazu Rawls 1997, 305f.) und als junger Mann sogar die Ansicht vertrat: »Es kann keine Trennung von Religion und Ethik geben ... Richtige Ethik ist nicht der Bezug einer Person zu einem objektiv ›Guten‹, nach dem die Person streben sollte, sondern die Beziehung von einer Person zu einer anderen Person und letztlich zu Gott« (Rawls 1942, 139).

meine moralischen Überzeugungen aber nur eine sehr theoretische Bedeutung hatten.

Daneben hat sich noch ein fundamentales Problem der philosophischen Begründung von Normen herauskristallisiert: Ihr fehlt die Kraft zur praktischen Durchsetzung. Nicht jeder, der die Begründung von Normen rational nachvollziehen kann, ist dadurch auch hinreichend motiviert, sich nach ihnen zu richten. Schon gar nicht, wenn sich die daraus abzuleitenden Handlungsempfehlungen gegen seine eigenen Interessen richten. Kurz: Aus Einsicht folgt nicht notwendigerweise das Tun.

Wer sich stattdessen einer der großen Religionen verpflichtet fühlt, wird weder mit der Normenbegründung noch mit der Normendurchsetzung ein prinzipielles Problem haben. Zumindest die prophetischen Religionen, also Judentum, Christentum und Islam, verbinden mit ihrem Orientierungssystem einen Absolutheitsanspruch, der die universelle und unbedingte Geltung der jeweiligen Normen einschließt. Auch der Konflikt, dass eine moralische Handlungswahl den eigenen Nutzen schmälern könnte, ist hier ausgeschlossen: Weil der Horizont des eigenen Nutzens sogar das Seelenheil umfasst, ist auch das richtige, gute Tun in meinem Interesse.

Die religiösen Ethiken haben einen weiteren Vorteil, der sie vor allen anderen auszeichnet: Sie sind nicht nur für eine kleine gebildete Elite nachvollziehbar, sondern auf das Verständnis einer großen Masse ausgerichtet. Sie bieten im Gegensatz zur Philosophie eben nicht nur einen rationalen, sondern auch einen emotionalen Zugang.

Das mag sich sehr pragmatisch anhören, aber Umsetzbarkeit ist ein wichtiges Kriterium für eine starke Ethik. Darüber hinaus gibt es aber noch ein wichtiges inhaltliches Argument: In die großen Religionen ist seit Jahrtausenden die gesammelte Weisheit der charismatischsten, nachdenklichsten und tugendhaftesten Geistesgrößen eingeflossen. Und obwohl dies aus ganz unterschiedlichen Blickwinkeln, in unterschiedlichen Regionen und zu unterschiedlichen Zeiten erfolgte, hat sich dabei doch ein gemeinsamer moralischer Kern an elementaren ethischen Werten und Normen ausgebildet, der so etwas wie der ewige Grundkonsens unserer Vorstellungen von Gut und Böse zu sein scheint. Es lohnt sich also schon aus historischem Interesse, die moralische Schnittmenge der großen Religionen anzuschauen.

WAS IST DER GEMEINSAME MORALISCHE KERN DER GROSSEN RELIGIONEN?

Es ist das Verdienst des Theologen Hans Küng, in den neunziger Jahren den Begriff »Weltethos« in die ökumenische Debatte eingeführt zu haben (Küng 1990). Küng meint damit die kleinste gemeinsame Übereinstimmung in den Moralvorstellungen der großen Religionen, die sich trotz aller Unterschiede in den Dogmen- und Symbolsystemen zeigt. Dieser Ansatz, der 1993 zu einer Weltethos-Erklärung (siehe www.weltethos.org) und 1995 zu einer Stiftung zur Förderung des religiösen Dialogs führte, ist auch deshalb bemerkenswert, weil in der öffentlichen Diskussion meist eher die trennenden Merkmale in den Vordergrund gestellt werden. Dabei gibt es in allen religiösen Traditionen – der prophetischen (Judentum, Christentum, Islam), der mystischen (Hinduismus, Buddhismus) und der weisheitlich orientierten (Konfuzianismus, Daoismus) – fünf ethische Imperative: Du sollst nicht morden, nicht stehlen, nicht lügen, nicht die Sexualität missbrauchen und die Eltern achten (Küng 1990, 82).

Dass diese fünf Normen auch innerhalb des Christentums eine ganz besondere Bedeutung haben, zeigt die Episode des »reichen Jünglings« im Matthäusevangelium. Ein wohlhabender junger Mann tritt an Jesus heran und fragt ihn, was er Gutes tun müsse, um das ewige Leben zu erreichen. Jesus antwortet ihm: »Halte die Gebote.«

Der Mann will es genauer wissen und fragt: Welche? Darauf zitiert Jesus selektiv aus den Zehn Geboten im Buch Exodus (siehe dazu auch die »Verpflegungsstation 1« auf Seite 31–35): »›Du sollst nicht töten; du sollst nicht ehebrechen; du sollst nicht stehlen; du sollst nicht falsch Zeugnis geben; ehre Vater und Mutter‹ und: ›Du sollst deinen Nächsten lieben wie dich selbst‹« (Mt 19,18f.).

Offenbar bauen alle weltanschaulichen Überzeugungen letztlich auf dem gleichen ethischen Grund: Alle Menschen waren, sind und bleiben daran interessiert, ihr Leben, ihre Familie, ihr Eigentum, ihre Würde und ihre Glaubhaftigkeit zu schützen. So tief diese Normen auch in uns verwurzelt sind, so oft wird gegen sie verstoßen. Jeden Tag sind die Medien voll von Beispielen. Diese fundamentalen Normen sind also alles andere als trivial. Andererseits erwarten wir als Orientierung für ein der Menschlichkeit verpflichtetes Leben mehr als diese fünf Imperative. Sie beschreiben nicht mehr als einen Minimalkonsens und stellen keine ethische Herausforderung für ein erfülltes Leben dar. Deshalb möchte ich auf unserem weiteren Weg den emotionalen Impuls, den nur Religionen bieten können, noch stärker nutzen.

Viele Menschen spüren hier starke Widerstände, weil sie Religionen und den damit verbundenen Glauben an Transzendentes wie Gott für unzeitgemäß und mit ihren rationalen Ansprüchen an Erklärungs- und Deutungsmuster für unvereinbar halten. Diesem Gedanken widmen wir uns im folgenden Abschnitt. Auf unserem Lauf- und Pilgerweg geht es nun, nach den ersten fünf eher flachen Teilabschnitten, zum ersten steilen Anstieg. Doch wer dem Schritt für Schritt folgt, wird mit einer wunderbaren Aussicht belohnt. Auf dem Wegweiser zum Bergpfad steht »Gottesglaube«.

6 KM

WIE LASSEN SICH RELIGIONEN UND GOTTESGLAUBE MIT DEN STANDARDS MODERNER WISSEN- SCHAFT IN EINKLANG BRINGEN?

Wir wissen spätestens seit Immanuel Kant, dass wir die Existenz Gottes mit den Mitteln unseres Verstandes genauso wenig beweisen können wie seine Nicht-Existenz.[2] Das Schicksal der empirischen Unbeweisbarkeit teilt der Gottesglaube aber mit vielen wissenschaftlichen Hypothesen, insbesondere mit solchen über sehr kleine und sehr große Phänomene. Denn unser evo- lutionär herausgebildetes Verstandesvermögen funktioniert offenbar nur in dem Bereich zuverlässig, der für unser Überleben wichtig ist: im sogenann- ten Mesokosmos. Die Extreme des Mikro- und Makrokosmos können wir weder wissenschaftlich noch intuitiv in der gleichen Weise durchdringen. Die Heisenberg'sche Unschärferelation aus der Quantenphysik formuliert sogar exakt das Ausmaß der zwingenden Ungenauigkeit unserer Beobach- tung kleinster Partikel. Wenn es um ganz große Phänomene geht, etwa um die Entstehung und Entwicklung unseres Universums, konkurrieren ver- schiedene, einander ausschließende Theorien. Selbst die Wissenschaft ist also an den Rändern unseres Erkenntnisinteresses nicht mehr exakt.

Wie sehr uns auch unsere Intuition, der sogenannte »gesunde Menschen- verstand«, im Stich lässt, wenn es um Extreme geht, zeigen zwei Beispiele aus der Mathematik. Wenn Sie mit der auf Kriegsfuß stehen, können Sie die drei folgenden Textabschnitte auch überspringen. Ich finde die Beispiele aber gerade deshalb so faszinierend, weil sie aus der exaktesten aller Wis-

---

2. Das gilt zumindest für empirisch basierte Beweisversuche. Noch immer unwiderlegt ist der modallogische Gottesbeweis von Kurt Gödel (vgl. Bromand/Kreis, 9 und 483– 491).

senschaften stammen und keinerlei empirische und damit irrtumsgefährdete Beobachtung voraussetzen.

Zunächst ein Beispiel aus dem unendlich Kleinen: Zwischen 1 und 0,999… ($0,\overline{9}$) scheint dem gesunden Menschenverstand nach eine Winzigkeit zu liegen. Tatsächlich aber ist $0,\overline{9}$ nur eine andere Schreibweise für 1 wie »Eins« oder »I« und vom Wert her identisch.[3]

Im unendlich Großen liefert die Mathematik ebenfalls kontraintuitive Erkenntnisse: So ist zum Beispiel die Menge der natürlichen Zahlen (**N**: 1, 2, 3, …) genauso groß wie die Menge der rationalen Zahlen (**Q**), die alle als ganzzahlige Brüche schreibbare Zahlen enthält (etwa 1/2, 9/5, 45/361). Das lässt sich beweisen. Beide Mengen nennt der Mathematiker »abzählbar unendlich«. Sie können zwar nicht de facto abgezählt werden, weil der Zählvorgang nie enden würde, aber es lässt sich für beide Mengen wenigstens ein Verfahren angeben, dem eine solche Abzählung folgen könnte. Intuitiv betrachtet ist **Q** aber viel größer als **N**, weil **Q** ja alle Elemente von **N** enthält und darüber hinaus noch unendlich viele weitere. Trotzdem ist **Q** nicht größer als ihre echte Teilmenge **N**, da man mit den natürlichen Zahlen alle rationalen Zahlen abzählen kann – ein Paradox!

Ebenso schwer einsehbar: Fügt man zu **Q** nun noch alle unendlichen, nicht-periodischen Dezimalzahlen hinzu (zum Beispiel die Kreiszahl π oder die Eulersche Zahl e), erhält man mit der Menge der reellen Zahlen (**R**) eine größere – oder wie die Mathematiker sagen: »mächtigere« – Menge als **Q**, nämlich eine »nicht-abzählbar unendliche«. Denn für **R** ließe sich noch nicht einmal eine Abzählregel angeben. Mit anderen Worten: Die scheinbar so klaren Axiome der Mathematik führen uns zu dem Ergebnis, dass es verschiedene, letztlich sogar unendlich viele Stufen der Unendlichkeit gibt.

Diese Ausführungen sollen zeigen, dass wir unsere Erwartungen an die Beweisbarkeit und Verstehbarkeit von Hypothesen nicht zu hoch hängen sollten. Wer das tut, setzt an die Stelle einer aufgeklärten Vernunft jene Dogmatik, die er eigentlich bekämpfen will. Damit soll nicht gesagt sein, dass alles, was sich nicht beweisen oder verstehen lässt, mit gleicher Wahrscheinlichkeit als wahr angenommen werden müsste. Dass sich Gott nicht widerlegen lässt, ist kein Argument für seine Existenz. Diese Debatte muss

---

3. Beweis: 1/9 = 0,111… = $0,\overline{1}$. Multipliziert man diese Gleichung mit 9, ergibt sich: 9/9 = $0,\overline{9}$ <=> 1 = $0,\overline{9}$.

mit anderen Argumenten geführt werden, ansonsten wäre die Annahme eines Gottes vergleichbar mit der einer Teekanne im All in dem berühmten Beispiel des Philosophen Bertrand Russell:

> »Viele streng gläubige Menschen reden so, als wäre es die Aufgabe der Skeptiker, überkommene Dogmen zu widerlegen, und nicht die der Dogmatiker, sie zu beweisen. Das ist natürlich ein Fehler. Würde ich die Ansicht äußern, dass eine Teekanne aus Porzellan zwischen Erde und Mars auf einer elliptischen Bahn um die Sonne kreist, so könnte niemand diese Behauptung widerlegen, vorausgesetzt, ich füge ausdrücklich hinzu, die Teekanne sei so klein, dass man sie selbst mit unseren stärksten Teleskopen nicht sehen könnte. Würde ich dann aber behaupten, weil man meine Behauptung nicht widerlegen könnte, sei es eine unerträgliche Überheblichkeit der menschlichen Vernunft, daran zu zweifeln, so würde man mit Recht sagen, dass ich Unsinn rede« (Russell, 547).

Genauso wie von wissenschaftlicher Seite kein Beweis für die Nicht-Existenz Gottes zu befürchten ist, lässt sich mit irgendeinem wissenschaftlichen Argument, und sei es das der Nicht-Widerlegbarkeit wie in Russells Teekannen-Beispiel, die Plausibilität der Existenz Gottes erhöhen. Kurz: Die Naturwissenschaften und Gott kommen sich nicht ins Gehege. Man kann Gott weder wissenschaftlich beweisen, noch muss man für den Glauben an Gott irgendein Naturgesetz ändern oder einschränken.[4]

Dass dieser philosophisch und theologisch längst überwunden geglaubte Gegensatz von Glauben und Wissen immer wieder aufflackert, mag auch daran liegen, dass fundamentalistische religiöse Strömungen auch heute noch die Demarkationslinie überschreiten und aus Bibel oder Koran naturwissenschaftliche Erkenntnisse abzuleiten versuchen (wie zum Beispiel in der neo-kreationistischen »Intelligent Design«-Theorie evangelikaler Provenienz). Als Reaktion provozieren solche Übergriffe platte Polemiken wie beispielsweise Richard Dawkins viel zitiertes Buch »Gotteswahn« von 2007.

---

4. Aus dieser Auffassung folgt nicht zwangsläufig eine deistische Position, also die Annahme, dass Gott nach der Schöpfung nicht mehr in das Weltgeschehen eingreife. Es folgt daraus nur, dass Gott für sein Wirken kein Naturgesetz brechen muss.

Man muss sich als vernünftig und modern denkender Mensch für seinen Glauben an Gott keineswegs schämen. Die Annahme eines Gottes ist nicht irrationaler als die Annahmen, die wir für jede wissenschaftliche Theorie treffen müssen. Religion und Wissenschaft sind zwei verschiedene Zugänge zur Wirklichkeit, die beide ihre vernünftige Berechtigung haben. Die Wissenschaft versorgt uns mit recht zuverlässigen Erklärungen und Prognosen über empirische Phänomene, Religion und Glauben können unserem Leben einen Sinn und damit Struktur und Ziel geben.

Wenn wir auf eines von beiden verzichten, beschneiden wir uns selbst. Darauf hat auch der jedes metaphysischen Denkens unverdächtige Philosoph Jürgen Habermas hingewiesen: Die religiösen Weltbilder »ermöglichen es, die Welt von einem transzendenten Standpunkt aus als Ganzes in den Blick zu nehmen und die Flut der Phänomene von den zugrundeliegenden Wesenheiten zu unterscheiden« (Habermas, 71). Die säkulare Vernunft speise sich aus beiden Quellen, Glauben und Wissen, tue heute aber so, als habe sie nur eine Wurzel. »Diese moderne Vernunft wird sich selbst nur verstehen lernen, wenn sie ihre Stellung zum zeitgenössischen, reflexiv gewordenen religiösen Bewusstsein klärt, indem sie den gemeinsamen Ursprung der beiden komplementären Gestalten des Geistes ... begreift« (ebd.). Immer mehr Menschen spüren dies und »glauben nicht mehr an den Unglauben« (Bolz, 75), doch noch müssen sie gegen den intellektuellen Mainstream ankämpfen, wie der Medienwissenschaftler Norbert Bolz feststellt:

> *»Sie suchen nach einem Leben jenseits von Atheismus und Utilitarismus. Doch die Erzengel der Aufklärung versperren ihnen den Rückweg in die christlichen Kirchen. So gewinnt man leicht den Eindruck: Viele Leute möchten glauben, aber sie wagen es nicht« (Bolz, 76).*

7 KM

IST DER GLAUBE AN GOTT NICHT REINES WUNSCHDENKEN?

Die Einschätzung des Gottesglaubens als »Wuncherfüllungsfantasie« ist von Sigmund Freud am wirkungsvollsten begründet worden (Freud 1927). Der Begründer der Psychoanalyse sah den Glauben an Gott und Götter als infantile Sehnsucht des erwachsenen, seiner Hilfsbedürftigkeit bewussten Menschen nach einer starken Vaterfigur. Ungeklärt ließ Freud allerdings, wie er von dieser Bewertung zu der Einschätzung gelangt, dass der Wunsch reine Fantasie sei. Warum soll etwas nicht existieren, nur weil es gewünscht wird?

Im Übrigen lässt sich genauso gut die Ablehnung Gottes als ein menschliches Wunschdenken darstellen, das sich aus einer kindlichen Allmachtsfantasie speist: Ich bin der Größte, über mir darf es nichts Größeres geben. Auch aus einem solchen psychoanalytischen Befund könnte man nicht zwangsläufig folgern, dass der Atheismus Unrecht hat.

Einem ähnlichen Fehlschluss wie Freud erliegt heute ein Teil der Neurowissenschaftler, die Begriffe wie »Gott«, »Glaube«, »Bewusstsein« und »Ich« in neuronale Prozesse aufzulösen versuchen und meinen, sie damit ad absurdum geführt zu haben.[5] Doch die naturwissenschaftliche Beschreibung eines Vorgangs sagt nichts über seine Bedeutung und Sinnhaftigkeit. Auch wenn wir die Gehirnregionen genau eingrenzen können, die zum Beispiel beim Gebet aktiviert werden, haben wir damit doch keinerlei Erkenntnis über Wesen und Kraft der Zwiesprache mit Gott gewonnen. (Genauso wenig hilft uns die exakte Lokalisierung der neuronalen Vorgänge beim Lügen zum Verstehen der Wahrheit.) Die philosophischen und weltanschaulichen

---

5. Zur Darstellung und Diskussion dieser Positionen vgl. insbesondere Bennett u. a. sowie aus christlicher Sicht Hempelmann, 113–153.

Schlussfolgerungen, die hier aus physiologischen Erkenntnissen gezogen werden, unterliegen meist einem naturalistischen Kurzschluss: von der empirischen Genese eines Phänomens auf dessen begriffliche Geltung. Aristoteles nannte dies eine »μετάβασις εἰς ἄλλο γένος«, eine Kategorienverwechslung.

Zurück zu Freud und seiner Analyse des Gottesglaubens als Wunschdenken: Ist im Anschluss an dieses Ergebnis nicht die naheliegende Frage zu stellen, warum der Wunsch nach einer vollkommenen Größe in der Menschheitsgeschichte so ausgeprägt war und über weite Teile auch heute noch ist? Entspricht dieser Wunsch nicht dem kindlichen Urvertrauen, das sich, wie wir sahen, evolutionär als erfolgreich bewiesen hat? Dann würde uns die auf dem ersten Abschnitt empfohlene Grundhaltung des Vertrauens doch nahelegen, dieses Gewünschte auch für wahr zu halten, zu glauben.

So einfach und schnell führt der Weg jedoch nicht zum Gottesglauben. Es gibt Wünsche, die man sich selbst erfüllen kann, und es gibt Wünsche, bei deren Erfüllung man auf fremde Hilfe angewiesen ist. Den Wunsch, an Gott zu glauben, muss man sich zur zweiten Gruppe gehörig vorstellen. Um den Schritt vom allgemeinen Lebensvertrauen zum Gottesglauben gehen zu können, brauchen wir das Entgegenkommen der anderen Seite. Nur wenn wir Gottes Wirken spüren können, wächst aus dem Willen zu glauben die Gewissheit, dass es einen Gott gibt. Sonst bleibt es nur ein »frommer Wunsch«. Gott lässt sich zwar nicht beweisen, aber er beweist sich selbst.

Wie wir uns für die Wahrnehmung eines solchen Selbstbeweises öffnen, betrachten wir im Abschnitt 8. Nach den ersten sieben »Kilometern« steht zunächst mal eine kurze Pause auf unserem Argumentationsweg an für die erste »Verpflegungsstation«. Die widmet sich der bekanntesten religiösen Moralvorstellung, den Zehn Geboten.

VERPFLEGUNGSSTATION 1

DIE ZEHN GEBOTE

Die Verkündung der Zehn Gebote ist eine der spektakulärsten biblischen Szenen. Denn Gott spricht hier das erste und einzige Mal direkt zum Volk Israel und nicht nur vermittelt über Mose. Es ist der dritte Monat nach dem Auszug aus der ägyptischen Gefangenschaft, der Tross ist gerade am Berg Sinai angekommen. Da erhält Mose von Gott den Auftrag, das Volk binnen zwei Tagen für das außergewöhnliche Erlebnis seiner Erscheinung vorzubereiten. Alle sollen sich »heiligen«, also kultisch reinigen, und ihre Kleider waschen.

> »Als nun der dritte Tag kam und es Morgen ward, da erhob sich ein Donnern und Blitzen und eine dichte Wolke auf dem Berge und der Ton einer sehr starken Posaune. Das ganze Volk aber, das im Lager war, erschrak. Und Mose führte das Volk aus dem Lager Gott entgegen und es trat unten an den Berg. Der ganze Berg Sinai aber rauchte, weil der HERR auf den Berg herabfuhr im Feuer; und der Rauch stieg auf wie der Rauch von einem Schmelzofen und der ganze Berg bebte sehr. Und der Posaune Ton ward immer stärker« (Ex 19,16–19).

Nach diesem gewaltigen Auftakt redet Gott zum Volk und gibt ihm die Weisungen, die später als »Dekalog« oder »Zehn Gebote« zum weltweit bekanntesten Moralkodex wurden. Mose erhält auf dem Berg Sinai die Weisungen auch nochmals schriftlich, von Gott selbst auf zwei Tafeln in Stein gemeißelt (Ex 31,18). Da er diese Gottesgabe aus Wut über das um ein Götzenbild tanzende Volk zerbricht (Ex 32,19), muss er ein weiteres Paar steinerner Tafeln selbst beschriften (Ex 34,1 und 27f.). Schon dieser erzählerische Rahmen betont die besondere, bedingungslose und uneingeschränkte Gültigkeit der Botschaft.

Umso erstaunlicher ist es, dass sowohl die Zählweise als auch die genaue Bestimmung der Gebote unterschiedliche Lesarten zulassen. Die Zahl Zehn bezieht sich auf zwei Textstellen in der zweiten biblischen Erwähnung der Gebote im Buch Deuteronomium (Dtn 4,13 und 10,4). Dort ist von den »zehn Worten« die Rede, in der griechischen Septuaginta: δέκα λόγοι, worauf die seit dem Kirchenvater Irenäus von Lyon (2. Jh. n. Chr.) üblichen Begriffe »Zehn Gebote« oder »Dekalog« zurückgehen. Doch wie diese zehn Worte sich voneinander abgrenzen und wie sie sich auf die zwei Tafeln verteilt haben, geht aus den fünf Büchern Mose, dem Pentateuch, nicht eindeutig hervor.

Das jüdische Religionsgesetz, das im Pentateuch insgesamt 613 Mizwoth (Ge- und Verbote) ausmacht, zählt den Dekalog als 14 Gebote. Wenn man sich strikt an der Grammatik orientiert, kommt man in der ersten Fassung tatsächlich auf 14 (Ex 20,2–17) Ge- bzw. Verbotssätze:

»(1) Ich bin der HERR, dein Gott, der ich dich aus Ägyptenland, aus der Knechtschaft, geführt habe. Du sollst keine anderen Götter haben neben mir.

(2) Du sollst dir kein Bildnis noch irgendein Gleichnis machen, weder von dem, was oben im Himmel, noch von dem, was unten auf Erden, noch von dem, was im Wasser unter der Erde ist.

(3) Bete sie nicht an und diene ihnen nicht! …

(4) Du sollst den Namen des HERRN, deines Gottes, nicht missbrauchen …

(5) Gedenke des Sabbattages, dass du ihn heiligest.

(6) Sechs Tage sollst du arbeiten und alle deine Werke tun.

(7) Aber am siebenten Tage … sollst du keine Arbeit tun, auch nicht dein Sohn, deine Tochter, dein Knecht, deine Magd, dein Vieh, auch nicht dein Fremdling, der in deiner Stadt lebt …

(8) Du sollst deinen Vater und deine Mutter ehren, auf dass du lange lebest in dem Lande, das dir der HERR, dein Gott, geben wird.

(9) Du sollst nicht töten.

(10) Du sollst nicht ehebrechen.

(11) Du sollst nicht stehlen.

(12) Du sollst nicht falsch Zeugnis reden wider deinen Nächsten.

(13) Du sollst nicht begehren deines Nächsten Haus.

(14) Du sollst nicht begehren deines Nächsten Frau, Knecht, Magd, Rind, Esel noch alles, was dein Nächster hat« (Ex 20,2–17).

In der zweiten Fassung zählt man grammatisch 15 Befehle (Dtn 5,6–21). Doch der Hauptunterschied der beiden Versionen ist die Begründung des Gebots, den Sabbat zu heiligen. Während die Exodus-Fassung auf die Schöpfungsgeschichte und den göttlichen Ruhetag am Ende verweist, verlangt die Deuteronomium-Fassung, dass der Sabbat dem Gedenken an die ägyptische Gefangenschaft und der göttlichen Erlösung daraus zu widmen ist. Die Textforschung ist sich heute nicht sicher, welche der beiden Versionen die ältere ist – wahrscheinlich haben sie sich in verschiedenen Redaktionsschichten gegenseitig beeinflusst (vgl. Gertz, 232). Alle Versuche, eine schlüssige Urfassung zu ermitteln, sind bislang gescheitert.

Die Übersetzungen stifteten weitere Verwirrung. Folgen die Kurzverbote in der hebräischen Bibel und der lateinischen Vulgata der Reihenfolge Mord, Ehebruch, Diebstahl, stellt die griechische Septuaginta den Ehebruch voran, gefolgt von Diebstahl und Mord in der Exodus-, von Mord und Diebstahl in der Deuteronomium-Übersetzung. Dahinter steht die durchaus kontrovers diskutierbare Frage, in welcher Reihenfolge das Leben, die Familie und der Besitz schutzbedürftig sind.

An welche Lesart kann man sich nun halten, wenn man weniger an historischen Fragestellungen als an dem Sinn interessiert ist? Am weitesten verbreitet ist hierzulande wohl die Version der römisch-katholischen und lutherischen Tradition. Denn erst Martin Luthers Kleiner und Großer Katechismus haben die Zehn Gebote in den Kernbereich christlichen Glaubens gerückt.

In dieser Lesart wird im Gegensatz zu der jüdischen, der reformierten und der orthodoxen Tradition auf das Bilderverbot verzichtet und das abschließende Begehrverbot aufgespalten, um trotzdem auf Zehn Gebote zu kommen. Diese Aufspaltung kann wiederum auf zweierlei Arten geschehen: nach Exodus (und Luthers Katechismen) in das Haus einerseits und »Frau, Knecht, Magd, Rind, Esel noch alles, was dein Nächster hat« andererseits (Ex 20,17); nach Deuteronomium in die Frau einerseits und »deines Nächsten Haus, Acker, Knecht, Magd, Rind, Esel noch alles, was sein ist« (Dtn 5,21) andererseits. Wichtiger als die Frage der adäquaten Aufteilung ist hier aber der Aspekt, dass das Begehrverbot über die Verbote, zu stehlen und die Ehe zu brechen, hinausgeht: Schon der Wunsch ist gegen Gottes Willen, nicht erst die Ausführung.

Wenn wir unter diesem gedanklich vereinenden Gesichtspunkt das Begehrverbot als Einheit lassen und dennoch bei Zehn Geboten herauskommen wollen, sollten wir über das von der katholischen Kirche im 13. Jahrhundert verworfene Bilderverbot erneut nachdenken. Im Buch Deuteronomium heißt es dazu erklärend:

> »Du sollst dir kein Bildnis machen in irgendeiner Gestalt, weder von dem, was oben im Himmel, noch von dem, was unten auf Erden, noch von dem, was im Wasser unter der Erde ist. Du sollst sie nicht anbeten noch ihnen dienen« (Dtn 5,8f.).

Die Pointe steht im letzten Satz: Es geht darum, nichts anderes als Gott in das Zentrum seines Strebens zu stellen. Dieses Gebot geht über das Fremdgötter-Verbot in einem entscheidenden Punkt hinaus: Auch nichts Ungöttliches soll für unseren Lebenssinn bestimmend werden. In dieser Lesart bleibt das Bilderverbot hochaktuell. Zusammen mit der Selbstvorstellung Gottes (»Ich bin der HERR, dein Gott, der ich dich aus Ägyptenland, aus der Knechtschaft, geführt habe«; Ex 20,2), die Luther in den Katechismen leider weglässt, ergibt sich erst die absolute Geltung der Gebote. Dieser Gebote gebende Gott ist ein Gott der Freiheit, der den Menschen von allen Abhängigkeiten bewahren will. Mathias Schreiber hat dies in seinem vor Kurzem erschienenen Plädoyer für die Zehn Gebote als »eine Ethik für heute« treffend auf den Punkt gebracht:

> »Für heutige Leser geht es [bei der Selbstvorstellung Gottes] ... um die grundsätzliche Wechselwirkung zwischen Freiheit und Bekenntnis zum Absoluten. Nur wer sich an eine unvorstellbare Instanz wie das Absolute, den abgründigen Urgrund alles Seienden bindet, kann wirklich frei sein gegenüber allen innerweltlichen Anmaßungen und Herrschaftsambitionen selbsternannter Führer oder Retter« (Schreiber, 34).

Auf Basis dieser Überlegungen könnte man folgende Weisungen als die Zehn Gebote in Kurzform formulieren:

1. Ich bin der Herr, dein Gott, der dich von aller Knechtschaft befreit. Du sollst keine anderen Götter neben mir haben.
2. Du sollst auch nichts anderes anbeten.
3. Du sollst meinen Namen nicht missbrauchen.
4. Du sollst den Feiertag heiligen.
5. Du sollst Vater und Mutter ehren.
6. Du sollst niemanden umbringen[6].
7. Du sollst nicht ehebrechen.
8. Du sollst nicht stehlen.
9. Du sollst nicht lügen.
10. Du sollst nicht begehren deines Nächsten Familie oder Eigentum.

WELCHE VORAUSSETZUNGEN MUSS MAN FÜR EINEN GOTTESGLAUBEN MITBRINGEN?

Der Glaube an Gott setzt voraus, dass alle drei Antreiber unseres Denkens oder – philosophisch mit Platon, Kant und Friedrich Schleiermacher gesprochen – alle drei »Seelenvermögen« dafür vorbereitet sind: der Wille, die

---

6. Dieser Vorschlag mindert die Unschärfe der Übersetzungen »morden« (Einheitsübersetzung) oder »töten« (Martin Luther). Ersteres ist, im juristischen Sinn verstanden, zu eng, Letzteres könnte zu weit ausgelegt werden. Denn »töten« ließe sich auch auf andere Geschöpfe als Menschen beziehen, was weder dem alttestamentlichen Kontext (Tieropfer!) noch dem Sinn des Dekalogs entsprechen würde (vgl. dazu auch Lapide, 42f.).

Vernunft und das Gefühl. Den besonderen Beitrag des Willens haben wir im letzten Abschnitt bereits beleuchtet: Er folgt aus dem Wunsch, unserem evolutionär herausgebildeten Urvertrauen eine Richtung, ein Ziel zu geben. Doch der Wille allein reicht nicht. Zwar kann niemand gegen seinen Willen glauben – aber umgekehrt folgt aus dem Willen zu glauben noch nicht die Fähigkeit dazu.

Die Widerstände der Vernunft gegenüber dem Glauben zu überwinden, dürfte den meisten »religiös unmusikalischen«[7] Menschen am schwersten fallen. Dies mag auch eine Folge des teilweise bis heute andauernden Miss-verständnisses zwischen Religion und Naturwissenschaften sein. Die zeit-weilige unsinnige Ablehnung etlicher wissenschaftlicher Erkenntnisse seitens der christlichen Kirche – vom kopernikanischen Weltbild bis zur Evoluti-onstheorie –, ihre mancherorts unkritische, biblizistische Übertragung von historischen Werten auf die Gegenwart und die daraus resultierende Welt-fremdheit (z. B. bei den Themen Empfängnisverhütung und Homosexualität) machen vernunftorientierten Menschen die Auseinandersetzung mit dem Glauben schwer. Auf der anderen Seite neigen Wissenschaftler oft zur Selbst-überschätzung, stellen Theorien und Vermutungen als unumstößliche Na-turgesetze dar, obwohl sie mit hoher Wahrscheinlichkeit einige Forscherge-nerationen später widerlegt oder von neuen, besser in die Zeit passenden Modellen abgelöst werden.[8]

Dabei sind es mitunter gerade naturwissenschaftliche Erkenntnisse, die transzendente Fragen aufwerfen – etwa die vom britischen Mathematiker Roger Penrose kalkulierte, unvorstellbar kleine Wahrscheinlichkeit von $1:10^{123}$, mit der ein Universum entsteht, in dem irgendwo Leben möglich ist (Penrose, 440–445). Zum Vergleich: Angenommen, ein einziges Elemen-tarteilchen im gesamten Universum inklusive aller Galaxien wäre mit einer Spezialfarbe blau lackiert. Die Wahrscheinlichkeit, dass man auf Anhieb genau dieses Elementarteilchen errät, beträgt $1:10^{87}$ – ist also 10^{36}-Mal grö-ßer! Den Physiker Paul Davies veranlasste dies zu der lakonischen Bemer-

---

7. Die Wendung geht zurück auf Max Weber (Brief an Ferdinand Tönnies vom 19. Februar 1909; in Weber, 64f.), wurde aber erst durch Jürgen Habermas' Dankesrede zur Verlei-hung des Friedenspreises des deutschen Buchhandels 2001 zum geflügelten Wort.
8. Zur Irrationalität des wissenschaftlichen Fortschritts, der mehr mit dem Wechsel von Forschergenerationen zu tun hat als mit dem scheinbar so kritisch-rationalen Falsifika-tionsverfahren Karl Poppers, vgl. den wissenschaftstheoretischen Klassiker Kuhn 1967.

kung: »Man kann sich nur schwer dem Eindruck verschließen, dass die gegenwärtige … Struktur des Universums das Ergebnis ziemlich aufwendigen Nachdenkens ist« (Davies, 247).

Vernunft und Glaube sind keine Gegensätze. Im Gegenteil, wir müssen mit der Vernunft einsehen, welche Chancen uns der Glaube bietet. »Credo ut intelligam«, formulierte der Scholastiker Anselm von Canterbury programmatisch: »Ich glaube, um zu erkennen.« Mit dem Glauben an Gott gewinnt unser Leben einen Sinnhorizont, die offenen Fragen nach dem Warum, Woher, Wohin und Wozu alles Seienden finden einen Antwortvorschlag. Der große österreichische Philosoph Ludwig Wittgenstein, mit seiner kritischen Fragetechnik und seiner exakten Ausdrucksweise ein Wegbereiter des Logischen Empirismus, hat das mal kurz und knapp so formuliert: »Den Sinn des Lebens, d. i. den Sinn der Welt, können wir Gott nennen« (Wittgenstein, 167).

Neben ihren Antwortvorschlägen auf die Sinnfrage eröffnen die großen Religionen einen Schatz an Einsichten und Reflexionen, die in der Geistesgeschichte einzigartig sind und von denen einige in den folgenden Abschnitten noch zur Sprache kommen werden. Dass sich diese Einsichten durchaus wissenschaftlich systematisieren lassen, war für meine persönliche Vernunft-Bekehrung die entscheidende Erkenntnis. Die Theologie ist eine faszinierend facettenreiche und dennoch stringent strukturierbare Wissenschaft. In dem Maße, wie mir die Lektüre von klugen theologischen Werken dafür die Augen öffnete, verringerte sich die Kluft in meinem Denken zwischen Glaube und Verstand. Wer diesem Weg folgen möchte, dem kann ich zwei Bücher aus der Literaturliste besonders empfehlen: Begeisternd in seiner wissenschaftlichen Exaktheit ist der Band »Dogmatik« von Wilfried Härle. Erfrischend in seiner Experimentierfreude und der Anwendung moderner Forschungsmethoden auf einen antiken Forschungsgegenstand ist der von Wolfgang Stegemann und anderen herausgegebene Sammelband »Jesus in neuen Kontexten«.

Das Gefühl ist wohl für viele der erste und wichtigste Zugang zum Gottesglauben. Es ist in jedem Fall genauso notwendig wie Wille und Verstand, denn ohne Gefühl bleibt der Glaube an Gott eine recht nutzlose akademische Angelegenheit. Er kann dann nicht unsere Gefühlswelt um die Dimensionen »unbedingte Geborgenheit« und »Zuversicht« bereichern. Das höchste Gefühl, zu dem wir fähig sind, ist die Liebe – verstanden als stärkste Form der

Zuwendung zu anderen. Sie kann so stark sein, dass wir sogar uns selbst dafür aufgeben würden, etwa bei der Liebe von Eltern zu ihren Kindern. Sicher spielen dabei auch Hormonausschüttungen eine Rolle. Aber dass die Liebe ganz und gar in neuronalen Prozessen aufgeht, ist für wahrhaft Liebende schwer vorstellbar. Wer das Gefühl des bedingungslosen Verliebtseins kennt oder wer die Geburt seines Kindes bewusst erleben durfte, wird sich kaum mit biochemischen Erklärungen allein zufriedengeben. Das ist natürlich kein Beweis für eine höhere Kraft, aber nach einem Beweis suchen wir ja auch nicht. Es ist für viele Menschen jedoch ein Indiz für eine Macht, die stärker ist als alles, was uns aus naturwissenschaftlicher Sicht bestimmt.

Dieses *Gefühl* der Teilhabe an etwas Höherem, verbunden mit dem *Willen*, seinem Leben und der gesamten Schöpfung einen Sinn zu geben, und mit der *Einsicht*, dass Glaube das vernünftige Erkennen bereichert, ist die beste Voraussetzung für ein Leben mit Gott.

WELCHE EIGENSCHAFTEN HAT GOTT?

Können wir überhaupt etwas über Gott aussagen? Ist nicht jeder Versuch, einen Satz über Gott zu formulieren, schon im Ansatz zum Scheitern verurteilt, weil sowohl wir selbst als auch das von uns benutzte Werkzeug, die Sprache, unvollkommen sind? Und ist der Unterschied zwischen Mensch und Gott nicht so kategorisch, dass wir diese Differenz noch nicht einmal richtig ausdrücken können?

Ganz so ausweglos ist die Lage nicht. Immerhin eröffnen uns ja unsere Seelenvermögen –Wille, Verstand und Gefühl – einen Zugang zum Göttlichen, ansonsten kämen wir noch nicht mal auf die Idee, uns damit auseinanderzusetzen. Wir können nun versuchen, diesen Zugang inhaltlich und sprachlich so exakt wie möglich zu fassen, um daraus ein Bild Gottes zu zeichnen, das sich aus unserer menschlichen Perspektive ergibt. Die Schwierigkeit besteht darin, einerseits nicht weniger auszudrücken, als diese Beziehung offenbart, andererseits aber auch nicht mehr, damit wir nicht bei einem schnell widerlegbaren Gottesbegriff landen.

In der Geschichte der Religionen hat es ungezählte Versuche gegeben, Gott zu definieren. Der Gott der Juden, Christen und Moslems stellt sich im biblischen Buch Exodus selbst etwas kryptisch vor: »ἐγώ εἰμι ὁ ὤν«, heißt es in der Septuaginta, der griechischen Version des Alten Testaments (Ex 3,14). Wörtlich: »Ich bin der Seiende«, Martin Luther übersetzte: »Ich werde sein, der ich sein werde«. In der lateinischen Version, der Vulgata, steht: »ego sum qui sum« – »Ich bin, der ich bin«. Man kann dies so interpretieren, dass sich Gott einer Definition entzieht. Man kann aber, und das scheint mir plausibler, aus dieser Selbstvorstellung einige Anhaltspunkte für eine Definition ableiten:

1. Gott ist gegenwärtig – wir können uns darauf verlassen, dass er da ist.
2. Gott ist unveränderbar – er war, ist und bleibt derselbe.
3. Gott ist unverfügbar – er ist, wie er ist, und nicht so, wie wir ihn uns wünschen.

Auf dieser Basis hat Rudolf Bultmann eine unter christlichen Theologen zu Recht besonders breit akzeptierte Begriffsbestimmung gegeben. Er definiert Gott als »die alles bestimmende Wirklichkeit« (Bultmann, 26). Noch ein wenig klarer ausgedrückt: Gott ist die Wirklichkeit, die allem seine Bestimmung gibt. Darin enthalten sind drei wesentliche Aspekte, die zugleich die im letzten Abschnitt genannten menschlichen Zugänge zu Gott über Willen, Verstand und Gefühl widerspiegeln:

1. Gott ist kein Hirngespinst, es gibt ihn wirklich.
2. Gott hat eine alles umfassende Macht.
3. Gott gibt allem, was existiert, einen Sinn, ein Ziel, eine Bestimmung.

Aus dem dritten Aspekt lässt sich eine weitere Wesensbestimmung Gottes folgern. Wir haben uns über die Frage nach dem Sinn unseres Lebens schrittweise Gott genähert. Den stärksten Sinn gebenden Zugang zu Gott eröffnet uns das stärkste Gefühl, zu dem wir als Menschen fähig sind: die Liebe. Sie muss in Gottes Wesen begründet sein. Eines der berühmtesten Bibelzitate ist: »Gott ist die Liebe« – »Ὁ θεὸς ἀγάπη ἐστίν« (1 Joh 4,16).

Das Griechische, in dem die Johannesbriefe geschrieben wurden, kennt zwei Wörter für das, was wir Liebe nennen: Ἔρως und Ἀγάπη (Eros und Agape). Der Autor des ersten Johannesbriefes benutzt »Agape«, nicht »Eros«, und entscheidet sich damit für die höchste Form der Liebe: Im Gegensatz zum Eros will Agape das Beste *für* das geliebte Gegenüber – nicht *mit* dem geliebten Gegenüber. Agape maximiert das Wohl für den anderen, Eros das Wohl für den anderen und für mich. Agape ist selbstlos, sie »will nichts von dem anderen, sie will alles für den anderen« (Bonhoeffer 1934, 389). Sie »sucht nicht das ihre, sie lässt sich nicht erbittern« (1 Kor 13,5).

Aus diesen Überlegungen lassen sich zwei Arten von Eigenschaften Gottes ableiten. Zum einen die aus seiner allumfassenden Wirkung folgenden, uns Menschen prinzipiell nicht zugänglichen Merkmale wie Allmacht, Allgegenwart, Allwissenheit und Ewigkeit. Zum anderen die aus der Liebe folgenden Eigenschaften wie Güte, Barmherzigkeit und Treue, in denen die »Verbundenheit zwischen Liebe und Liebenden (und damit zwischen Gott und Mensch) ihren Ausdruck findet« (Härle 2007, 257) und die uns Menschen ebenfalls offenstehen, wenn wir an der Liebe teilhaben und diese Eigenschaften selbst anstreben.

Nun sind wir auf unserem Weg bei einem Gottesverständnis angekommen, das typisch für den christlichen Glauben ist. Haben wir uns dadurch auf dem Markt der religiösen Möglichkeiten eingeschränkt? Keineswegs. Wie wir im Folgenden sehen werden, lässt die christliche Botschaft bei aller Bestimmtheit Raum für verschiedene Herangehensweisen. Doch wollen wir uns vorher noch einer Frage widmen, die eng mit den für uns erkennbaren Eigenschaften Gottes zusammenhängt.

10 KM

WIE KANN ICH MIR GOTT VORSTELLEN?

Wenn Gott etwas ist, was sich uns in Liebe zuwendet und dem wir uns in Liebe zuwenden sollen, müssen wir Gott in irgendeiner Weise denken können. Wenn wir mit ihm in Kontakt treten, mit ihm reden wollen, müssen wir doch eine Vorstellung von diesem Gegenüber haben.

Auf der anderen Seite lesen wir in der Bibel, dass Gott sich Bilder von sich in seinen Geboten an das Volk Israel verbittet (siehe auch »Verpflegungsstation 1«): »Du sollst dir kein Bild noch irgendein Gleichnis machen« (Ex 20,4). Das ist an dieser Stelle im hebräischen Urtext zwar auf eine Skulptur oder Statue zu beziehen (was die lateinische Vulgata mit »sculptilis« auch angemessener wiedergibt als die von Martin Luther benutzte griechische Septuaginta). Doch die Erläuterungen zu diesem Gebot im Deuteronomium lassen keinen Zweifel, dass hier die bildhafte Vorstellung Gottes an sich gemeint ist:

> »So hütet euch nun wohl …, dass ihr euch nicht versündigt und euch irgendein Bildnis macht, das gleich sei einem Mann oder Weib, einem Tier auf dem Land oder Vogel unter dem Himmel, dem Gewürm auf der Erde oder einem Fisch im Wasser unter der Erde. Hebe auch nicht deine Augen auf gen Himmel, dass du die Sonne sehest und den Mond und die Sterne, das ganze Heer des Himmels, und fallest ab und betest sie an und dienest ihnen« (Dtn 4,15–19).

In einer Zeit, in der die Anbetung von Götterbildern üblich war, bedeutete das Bilderverbot religionsgeschichtlich einen großen Fortschritt. Für Sigmund Freud ist dieses alttestamentliche Gesetz ein »Triumph der Geistigkeit über die Sinnlichkeit« und »gewiss eine der wichtigsten Etappen auf dem

Wege der Menschwerdung« (Freud 1939, 559 f.). Es zeugt von einer gereiften Einsicht in den kategorialen Unterschied von Mensch und Gott. Auch Mose musste das, dem Buch Exodus zufolge, noch lernen. Er fordert Gott im Zwiegespräch auf: »Lass mich deine Herrlichkeit sehen!« Daraufhin sagt Gott: »Mein Angesicht kannst du nicht sehen; denn kein Mensch wird leben, der mich sieht« (Ex 33,18 und 20).

Was bedeutet dies für unsere mögliche Vorstellung von Gott? Wir sollten uns so weit wie möglich vom Konkreten zum Abstrakten bewegen, vom Gegenständlichen zum Geistigen. Einem Kind wird man nicht verdenken können, dass es sich Gott als alten Mann mit Bart vorstellt. In meiner kindlichen Fantasie betete ich immer zu einem weiß gekleideten, auf einer Wolke sitzenden Herrn mit dem gütigen Gesicht meiner Mutter. Doch mit zunehmendem Abstraktionsvermögen sollte es uns gelingen, Gott nicht auf etwas Abgegrenztes, bildlich Vorstellbares zu reduzieren, sondern unser Denken offen zu halten für seine unendliche Größe.

Wenn wir den Dialog mit Gott suchen, mag es hilfreich sein, sich in bestimmte, vom Gesprächsinhalt abhängige Situationen hineinzudenken oder zu begeben. Möchte ich Gott danken, kann dafür ein besonders schönes Stück Natur der richtige Ort sein. In trostbedürftigen Situationen würde ich eine Stelle suchen, an der ich mich besonders geborgen fühle. Bitten und Fürbitten können in Kirchen und Kapellen an Innigkeit gewinnen. Entscheidend ist dabei, dass wir uns Gott nicht als etwas außer uns Befindliches vorstellen, sondern als eine Kraft, die uns ganz durchdringt und auf die wir nicht von außen schauen können. Die Liebe ist ein so starkes Gefühl, dass sie zu ihrer Entfaltung kein Gesicht braucht. Eltern werden das unmittelbar verstehen, wenn sie an ihre Liebe für das werdende Leben in der Zeit der Schwangerschaft zurückdenken.

IST DAS CHRISTENTUM NICHT NUR EIN KLEINER AUSSCHNITT AUS DER RELIGIÖSEN WEISHEIT DER WELT?

Wir waren auf unserem Weg ausgehend vom Lebenssinn zu den Religionen gekommen und über diese zu einem Gottesverständnis, das sich über das Wesen der Liebe als christlich herausstellte. Gehen uns auf der Suche nach Sinn dabei nicht wertvolle Quellen anderer Religionen verloren? Diese Vermutung wäre richtig, wenn wir den Blick auf das Christentum dogmatisch verengen und die weiteren Wegabschnitte für die einzige zum Ziel führende Route halten würden. Wer die christliche Botschaft ohne konfessionelle Brille betrachtet, wird überrascht sein, wie viele unterschiedliche Sichtweisen darin Platz haben und wie viele, teils sich einander ausschließende Interpretationen bereits in der Bibel enthalten sind. Gottes Wirken lässt sich eben für uns Menschen nicht komplett durchschauen und schon gar nicht mit einem so unpräzisen Werkzeug, wie die Sprache es darstellt, eindeutig abbilden.

Die Unmöglichkeit, den Kern christlicher Religion allgemeingültig und mit Bestand für alle Zeiten zu beschreiben, ist keineswegs eine Schwäche der Botschaft, sondern gerade ihre Stärke. Das Christentum wurde auch deshalb zu einem Welterfolg, weil es für jede Zeit, jede Region und für jede soziale Situation Antworten geben kann – auch wenn diese Antworten durchaus unterschiedlich ausfallen. Selbst bei einer so zentralen Frage wie der nach der Bedeutung von Jesu Tod wurden in der über 2000-jährigen Rezeptionsgeschichte die verschiedensten Interpretationen entwickelt, die bis heute kontrovers unter Theologen – sogar der gleichen Konfession – diskutiert werden (siehe dazu zum Beispiel den Sammelband Frey/Schröter). Wir werden speziell auf diese Frage im Abschnitt 20 zurückkommen.

Christen könnten also, mit dieser starken Botschaft im Rücken, durchaus gelassener mit abweichenden Meinungen umgehen. Sie könnten auch von den beiden am engsten mit dem Christentum verwandten Religionen lernen: dem Islam und dem Judentum. Zumindest in seinen Anfangszeiten bis zu den Kreuzzügen war der Islam eine geradezu vorbildlich tolerante Religion, in der man den Wettstreit mit Juden und Christen eher sportlich auffasste. Das bedeutet natürlich nicht, dass islamische Fundamentalisten das auch so sehen. Aber in ihrer Intoleranz können sie sich jedenfalls nicht auf Mohammed und die ersten Kalifen berufen. Vielleicht braucht der Samen großer Religionen seine Zeit bis zur vollen Entfaltung. Als das Christentum so alt war wie der Islam heute, also am Anfang des 15. Jahrhunderts, begann gerade die Zeit der Hexenverbrennungen.

Und zum jüdischen Glauben gehört seit Anbeginn der Disput, der Streit, die Auseinandersetzung. Der Talmud als die wichtigste jüdische Schrift lässt sich lesen als Sammlung von Anmerkungen zu einem langen Streitgespräch über den Gesetzeskodex der Mischna. »Unsere Religion«, schreibt der Rabbiner Jacob Neusner, »kennt keine größere Geste des Respekts als das Streitgespräch« (Neusner, 29) und hat dabei auch Abraham und Mose im Sinn, die nach der biblischen Geschichte nicht vor Verhandlungen mit Gott zurückschreckten (Gen 18,20–33 und Ex 33,12–23).

Das Christentum teilt aber nicht nur Elemente mit seinen beiden engsten Verwandten aus dem Kreis prophetischer Religionen nahöstlicher Provenienz, Judentum und Islam, sondern auch mit den weisheitlich orientierten chinesischen Religionen. Die Weisheitsliteratur in der Bibel – das sind in erster Linie die Sprüche Salomos, die Bücher Kohelet (Prediger Salomo), Weisheit und Jesus Sirach[9] im Alten Testament und der Brief des Jakobus im Neuen Testament – ist eine Fundgrube an diesseitsorientierten, lebenspraktischen Einsichten. Es spricht für die Pluralität des Bibelkanons, dass diese Schriften überhaupt Aufnahme fanden. Ihr theologischer Ansatz ist, dass der Mensch durch seine guten *Werke*, durch die Befolgung der gerech-

---

9. Dieses in der Septuaginta enthaltene Buch wird von den Kirchen der Reformation den »Apokryphen« zugeordnet, zählt also nicht zu deren alttestamentlichem Kanon, der sich am hebräischen Tanach orientiert. Luther urteilte über die Apokryphen: »Das sind Bücher, so der Heiligen Schrift nicht gleich gehalten, und doch nützlich und gut zu lesen sind.« Die ehemalige Ratsvorsitzende der Evangelischen Kirche in Deutschland, Margot Käßmann, zitierte bei ihrem Rücktritt aus den Apokryphen: »Bleibe bei dem, was dir dein Herz rät« (Sir 37,17).

ten Ordnung, die Gott in die Welt gesetzt hat, sein (diesseitig verstandenes) Heil findet. Diese Ordnung durch Beobachtung herauszufinden und damit weise zu werden, ist das Ziel des Lebens. Damit stellen sich diese biblischen Schriften in direkte Opposition zu der theologischen Hauptlinie des Neuen Testaments, nach der allein der *Glaube* für die Rechtfertigung vor Gott zählt (vgl. zum Beispiel Jak 2,14–17 gegen Röm 3,28). Wir kommen auf diesen Konflikt in Abschnitt 23 zurück.

Die Bibel als christliche Schriften-Basis ist also keineswegs so streng wie ein Glaubensbekenntnis, sondern ein heterogenes Sammelwerk unterschied- licher Deutungen, die aber um das gleiche Zentrum kreisen. Schon gleich zu Anfang macht die Bibel ihrem Leser klar, dass es nicht nur eine Lesart der Wahrheit geben kann: In der Genesis finden sich kurz hintereinander zwei völlig unterschiedliche Schöpfungsgeschichten (Gen 1,2–2,4 und Gen 2,4–25). Davon wird in Abschnitt 27 noch die Rede sein.

Auch zu den mystischen indischen Religionen, der dritten großen Gruppe der Weltreligionen, entwickelte sich im Christentum ein Äquivalent. Die ersten Ansätze für diese Gott in der inneren Einkehr suchende Richtung (Mystik von griechisch μύειν: die Augen schließen) finden sich ab dem 2. Jahrhundert. Sie kamen um 1300 in der deutschen Mystik bei Meister Eckhart zu voller Blüte. Bis heute hat diese spirituelle Orientierung, wie die Auflagen der Bücher von Pater Anselm Grün oder Jörg Zink zeigen, eine große Faszinationskraft.

Wer sich auf das Christentum einlässt, beschränkt sich also in seiner Sinnsuche keineswegs auf eine Schmalspur-Perspektive. Auf die Frage, wie viele Wege es zu Gott gibt, antwortete Joseph Ratzinger neun Jahre vor sei- ner Papstwahl weise: »So viele, wie es Menschen gibt. Denn auch innerhalb des gleichen Glaubens ist der Weg eines jeden Menschen ein ganz persön- licher« (Ratzinger 1996, 35).

WAS IST DAS BESONDERE DES CHRISTENTUMS?

Die Pluralität und Vielfältigkeit des christlichen Glaubens ist selbstverständlich nicht der einzige Grund, warum ich Sie auf dem weiteren Weg dazu einlade, tiefer in seine Geheimnisse einzusteigen. Das wichtigste Argument ist sein faszinierender Kern, das angesprochene Zentrum, um den alles kreist, was sich berechtigterweise christlich nennen kann: Jesus Christus.

Diese zwei Worte sind die stärkste Verdichtung der christlichen Botschaft. Sie kombinieren den Namen einer historischen Figur, des jüdischen Wanderpredigers Jesus von Nazaret (* vor 4 v. Chr., † 30 n. Chr.), mit dem von den Juden der damaligen Zeit für den erwarteten Heilsbringer reservierten Titel »der Gesalbte«. Das hebräische Wort dafür lautet in lateinischer Transkription »Messias« (griechisch Χριστός). »Jesus Christus« heißt also: Dieser Jesus ist der Messias.

Drei Aspekte dieser Verdichtung führen uns zu erstaunlichen Besonderheiten des Christentums. Der erste Aspekt ist die Tatsache, dass sich hier eine Weltreligion auf einen Stifter beruft, dessen familiäre Herkunft unbedeutend und dessen Ende das schändlichste war, das man sich in der damaligen Zeit vorstellen konnte. Der zweite Aspekt ist das Leben des historischen Jesus von Nazaret, von dessen Wirken uns das Neue Testament aus unterschiedlichen Perspektiven (und mit unterschiedlicher Glaubwürdigkeit) erzählt. Der dritte Aspekt ist die Erkenntnis, dass eben dieser Jesus mehr als ein frommer Mensch war – nämlich eine Selbstoffenbarung Gottes.

Die drei Aspekte sind bei dieser Reihenfolge in ihrer vermuteten Nachvollziehbarkeit für Nicht-Christen geordnet. Dass Jesus aus einer einfachen galiläischen Familie stammte, ist für jeden evident, der sich mit den Quellen beschäftigt. Beim historisch gut belegten Tod scheiden sich schon die Geister: Die Moslems beispielsweise behaupten, dass an Stelle von Jesus ein anderer ans Kreuz genagelt wurde, weil dieser große Prophet unmöglich ein solch entwürdigendes Ende finden durfte. Dieser erste Aspekt des historischen Jesus steht im Mittelpunkt der Abschnitte 13 und 14.

Zum zweiten Aspekt: Die Lehre des Jesus von Nazaret zeigt ihre Stärke schon dadurch, dass sie in der damaligen Zeit ebenso provozierte, wie sie es heute noch kann. Sie widersetzt sich jeder ideologischen Vereinnahmung, beschäftigt Gelehrte kontrovers seit zwei Jahrtausenden – und ist dennoch so einfach, dass ihre Erkenntnis jedem offensteht. Zusammengefasst lautet sie: »Die Zeit ist erfüllt und das Reich Gottes ist herbeigekommen« (Mk 1,15). Leichter verständlich könnte man übersetzen: Gott hat die Herrschaft übernommen – sein Wille ist nun die oberste Norm. Denn der für das Neue Testament zentrale Begriff »Reich Gottes« geht auf das hebräische Wort *malkut* (griechisch βασιλεία) zurück und meint die königliche Gewalt, die herrschaftliche Autorität und nicht etwa ein »Reich« in Form einer geografischen Größe.

In dieser Verdichtung mag die Botschaft zunächst mal nicht überraschend sein. Aber was dieser Jesus von Nazaret in seinen Reden und Gleichnissen über den Willen Gottes sagt, reicht seinen Zeitgenossen aus, um ihn zum Tode zu verurteilen und hinzurichten. Jesus stellt, wie wir im Abschnitt 15 sehen werden, gegen das tradierte, auslegungsfähige Gesetz für alle eine rigorose Moral für jeden Einzelnen. Im Reich Gottes kommt es nicht vorrangig darauf an, sich regelkonform zu verhalten, sondern es geht zuallererst um eine grundlegende Veränderung des Menschen.

Zu seinen Lebzeiten provozierte Jesus vor allem durch seine Kritik am jüdischen Kult – an den Reinheits- und Sabbat-Gesetzen sowie der Kommerzialisierung der Opferriten – und durch seine Parteinahme für die Ausgestoßenen, Gescheiterten. Heute könnten wohl die Teile seiner Botschaft am meisten provozieren, die die Gewaltfreiheit, die Feindesliebe und den Reichtum betreffen. Wir werden darauf zurückkommen.

Der dritte Aspekt, Jesus als Selbstoffenbarung Gottes oder in der üblichen bildhaften Diktion als »Gottes Sohn«, ist sicher zunächst die größte Zumutung für den rational denkenden Kopf. Doch auch hier gibt es über das Ostergeschehen einen Zugang für den Verstand, dem wir uns in Wegabschnitt 19 widmen.

WAS WISSEN WIR ÜBER DEN
HISTORISCHEN JESUS VON NAZARET?

Über wenige Personen der antiken Welt haben wir so viele Zeugnisse wie über Jesus von Nazaret. »Selbst von manchen römischen Kaisern«, schreibt Klaus-Stefan Krieger, »wissen wir wesentlich weniger« (Krieger, 74). Das Problem ist hier gerade umgekehrt, dass wir zu viele Nachrichten haben, die sich teilweise widersprechen und schon deshalb nicht alle wahr sein können. Es sind nicht nur die Evangelien und die Paulusbriefe aus dem Neuen Testament, die über Jesus berichten – und mit deren unterschiedlicher Sichtweise wir uns im nächsten Abschnitt beschäftigen. Es liegen uns auch christliche Zeugnisse vor, die nicht Eingang in den Kanon der Bibel fanden (siehe »Verpflegungsstation 2« auf S. 57–60). Darüber hinaus gibt es etwa eine Handvoll nicht-christlicher Belege von jüdischen und römischen Geschichtsschreibern sowie von einem syrischen Philosophen (vgl. dazu im Detail Theißen/Merz, 73–91).

Was Historiker und Theologen heute in Abwägung der Quellen als gesichert ansehen, ist in etwa folgende Biografie: Jesus wurde vor 4 v. Chr., also vor dem Tod von Herodes dem Großen, in dem kleinen galiläischen Dorf Nazaret als erster Sohn von einer Frau namens Maria geboren. Mit ihrem Mann Josef hat sie weitere Kinder, darunter mindestens vier Söhne. Wie Josef lernt Jesus den Beruf des Zimmermanns. Sein erstes gesichertes öffentliches Auftreten ist die Taufe durch Johannes, genannt »der Täufer«, der er sich im Alter von etwa 30 Jahren östlich des Jordans gegenüber von Jericho unterzieht (vgl. Gibson, 31). Dies gilt deshalb als historisch belegt, weil zum einen die Existenz von Johannes dem Täufer unstrittig ist. Zum anderen passt die Tatsache, dass Jesus sich taufen ließ, nicht unmittelbar zum Christusbild der Evangelien. Obwohl die Autoren theologische Probleme damit haben (vgl. Mt 3,14 und Joh 1,24–34), haben sie es nicht verschwiegen – wohl, weil es nicht zu verschweigen war.

Mit einer Gruppe von Anhängern – Männern wie Frauen – zieht Jesus als Wanderprediger vornehmlich durch Galiläa, verkündet seine Botschaft und sorgt auf unterschiedliche Weise für Aufsehen: Manche seiner Zuhörer erwarten von ihm Unterstützung im Befreiungskampf gegen die römische Besatzungsmacht, manche stören sich an seinen eigenwilligen Gesetzesauslegungen, andere berichten beeindruckt von angeblichen Spontanheilungen.

Jesus wohnt in dem einfachen Fischerhaus der Familie seines Anhängers Simon Petrus in Kafarnaum am Nordufer des Sees Gennesaret. Seine Reisen unternehmen er und seine Anhänger ohne Geld, ohne Vorräte und ohne Waffen – noch nicht einmal einen Stock haben sie in der immer wieder von Unruhen gebeutelten Provinz dabei. Finden sie in einem Ort keinen Unterschlupf, ziehen sie weiter.

Auf diese Weise ist Jesus zwischen einem und drei Jahren tätig, bis er im Jahr 30 anlässlich des bedeutendsten jüdischen Wallfahrtsfestes, des Pascha, nach Jerusalem reist. Dort sorgt er im Vorhof des Tempels, der höchsten jüdischen Kultstätte, für einen Skandal, als er einige Tische der Händler umstößt, die Opfergaben für die zahlreichen Wallfahrer verkaufen und die von allen Juden jährlich erhobene Tempelsteuer kassieren. Höchstwahrscheinlich war dieser Vorfall zusammen mit seiner Prophezeiung, der Jerusalemer Tempel werde zerstört (Mk 13,2 und 15,58), der Grund für seine Festnahme und spätere Hinrichtung. Ob Jesus wirklich von dem Synhedrion, dem von Sadduzäern besetzten Hohen Rat, verhört wurde, ist umstritten. Klar ist, dass dieses oberste religiöse und politische Gremium der Juden keine Befugnis hatte, die Todesstrafe zu verhängen. Möglicherweise übergab das Synhedrion aber Jesus mit einer entsprechenden Empfehlung an den römischen Gouverneur Pontius Pilatus, der zum Pascha-Fest von seinem Amtssitz Caesarea nach Jerusalem in den Palast des Herodes gekommen war.

Der Statthalter der Besatzungsmacht will vor dem großen Volksfest jegliche Unruhe vermeiden und verurteilt Jesus nach kurzer Verhandlung als mutmaßlichen Aufständischen zur härtesten Strafe des römischen Besatzungsrechts, die nur an Nicht-Römern vollzogen werden durfte: der Kreuzigung. Wahrscheinlich am 14. Nisan des Jahres 30, dem 7. April unseres heutigen Kalenders, ein Tag vor dem Pascha-Fest, wird Jesus auf einem kleinen Hügel außerhalb der (damaligen) Stadtmauer gekreuzigt. Wie bei Hinrichtungen dieser Art üblich, trägt wohl auch Jesus den Querbalken des Kreuzes selbst.

Nach einer glaubhaften Darstellung des Johannesevangeliums unterstreicht Pilatus seine Machtdemonstration noch durch den Titulus an Jesu

Kreuz, die Holztafel mit dem Grund der Verurteilung. Darauf lässt er zur Verhöhnung des Verurteilten schreiben: »INRI«, das Akronym von »Iesus Nazarenus Rex Iudaeorum« (Jesus von Nazaret, König der Juden). Laut übereinstimmender Aussage von drei Evangelien wurde der Titulus *auf* dem Kreuz befestigt (Mt 27,37; Lk 23,38 und Joh 19,19). Daraus entwickelte sich etwa im 4. Jahrhundert die uns vertraute Darstellung eines tatsächlichen Kreuzes mit der Tafel über dem Kopf (»crux immissa«). Meistens wurde nämlich nur der Querbalken auf dem Längsbalken fixiert, das »Kreuz« hatte dann die Form eines »T« (»crux commissa«).

Jesus stirbt nach stunden-, wenn nicht tagelangem Todeskampf durch Ersticken, Kreislaufkollaps oder Herzversagen. Die Dauer der Qual hängt bei der Kreuzigung unter anderem davon ab, wie sehr das Körpergewicht abgestützt wird und – falls Nägel und keine Seile zur Befestigung verwendet werden – welche Blutgefäße beim Anbringen ans Kreuz zerstört werden. Die in den Evangelien genannten unterschiedlichen Details über Jesu letzte Stunden sind historisch kaum belastbar, glaubhaft ist jedoch die Darstellung der drei synoptischen Evangelien, dass keiner seiner männlichen Anhänger bis zum Schluss bei ihm blieb. Über die Geschehnisse danach gibt es unterschiedliche Zeugnisse, die wir in Abschnitt 19 bedenken.

14 KM

WELCHEN BIBLISCHEN ZEUGNISSEN ÜBER JESUS KANN ICH VERTRAUEN?

Die ältesten Zeugnisse über Jesus im Neuen Testament entnehmen wir den Briefen des Missionars Paulus von Tarsus – genauer gesagt, den Briefen, die nicht nur unter seinem Namen in den Kanon aufgenommen wurden, sondern nach übereinstimmender Forschung auch tatsächlich von ihm stammen. Es sind dies der erste Brief an die Thessalonicher, beide Briefe an die Korinther, die Briefe an die Galater, die Römer, die Philipper und an Philemon. Sie entstanden in der Reihenfolge der Aufzählung zwischen 50 und 58, während das erste Evangelium – das des Markus – frühestens 69 abgefasst wurde.

Die Ausbeute an Informationen in den Briefen ist allerdings nicht sehr groß. Auf Details aus Jesu Leben oder auf seine Lehre nimmt Paulus nur sehr selten Bezug (zum Beispiel 1 Kor 7,11; 9,14; 11,23–25; 14,37; Gal 4,4), aber diese wenigen Fundstellen legen nahe, dass Paulus und den ersten frühchristlichen Gemeinden, an die er sich wandte, eine Sammlung von Jesusworten bekannt waren (vgl. Roloff 2007, 15). Für Paulus und seine Theologie zentral sind jedoch der Kreuzestod Jesu und seine Auferstehung. In 1 Kor 15,5–8 redet er von über 500 Zeugen, »von denen die meisten heute noch leben«, denen der auferstandene Jesus begegnet sei. Als letzten Zeugen benennt Paulus sich selbst.

Der Befund in den ältesten neutestamentlichen Texten ist gemessen an unserem Informationsbedürfnis über die historische Person Jesus also auf den ersten Blick enttäuschend. Aber er unterstreicht, wie wichtig das Ostergeschehen für die Mission und den Zusammenhalt der ersten christlichen Gemeinden war. Ohne die Zeugnisse über Kreuzestod und Auferstehung wäre Jesus vielleicht als besonders charismatischer jüdischer Wanderprediger noch eine gewisse Zeit erinnert worden, hätte aber wohl kaum eine neue Weltreligion initiiert.

Die wichtigsten Quellen für Jesu Wirken und Lehre sind die vier Evangelien. Sie befassen sich zwar ausschließlich mit Jesus, sind aber keineswegs historische Biografien. Die Autoren hatten beim Schreiben nicht das Ziel, das Leben des Jesus von Nazaret so genau und detailliert wie möglich aufzuzeichnen. Sie waren überzeugt davon, dass Jesus der Christus war, und wollten diese Heilsbotschaft einem bestimmten Adressatenkreis verständlich machen. Dafür bedienten sie sich bei den ihnen bekannten mündlichen und schriftlichen Überlieferungen über das Wirken Jesu, verbanden also die Fakten mit der Verkündung, das Historische mit dem Kerygmatischen. Die vier Autoren kamen aus verschiedenen Umfeldern, hatten unterschiedliche Adressaten und Quellen. Deshalb begegnen uns im Neuen Testament auch verschiedene »Wahrnehmungsgestalten« der Person Jesus von Nazaret (Huber 2008, 89), die sich nicht vollständig harmonisieren lassen.

Daraus folgt nicht, dass man aus den Evangelien nichts Zuverlässiges über Jesus lernen könnte. Wenn man die unterschiedlichen Wahrnehmungsmuster kennt, die den Evangelien zugrunde liegen, kann man sehr viel über

Jesus im Kontext der damaligen Zeit erfahren (vgl. dazu vor allem Roloff 1995, Schnelle 2007a und Theißen 2010).

Das im 2. Jahrhundert nach Markus benannte Evangelium – im Text bleibt der Verfasser genauso anonym wie die der anderen Evangelien – ist das älteste. Es entstand entweder unmittelbar vor oder, wahrscheinlicher, unmittelbar nach der Zerstörung des Jerusalemer Tempels durch die Römer, also um 70. Der Ort der Abfassung ist umstritten, klar ist aber, dass es außerhalb Palästinas entstand und sich an eine griechisch sprechende Leserschaft von Heidenchristen wandte. Jüdische Bräuche werden nicht als bekannt vorausgesetzt, sondern erläutert (vgl. Mk 7,3), und der erste Mensch, der Jesus als Gottes Sohn erkennt, stammt nicht etwa aus dem Kreis seiner Jünger, sondern ist ein heidnischer Hauptmann (Mk 15,39). Dramaturgisch ist dieser Moment der Höhepunkt des Markusevangeliums, dessen roter Faden das langsame Offenbarwerden der wahren Herkunft Jesu ist. Die Passionsgeschichte nimmt in diesem kürzesten Evangelium breiten Raum ein und ist in ihrer ungeglätteten Schilderung auch die eindrücklichste. Wir kommen darauf in Abschnitt 19 noch zu sprechen. Ungefähr 20 Jahre später, also um 90, entstanden etwa zeitgleich das Matthäus- und das Lukasevangelium. Zusammen mit dem Markusevangelium werden sie auch als die »synoptischen Evangelien« bezeichnet, weil man sie nebeneinanderlegen und vergleichen kann. Die zeitliche Abfolge der geschilderten Ereignisse ist ähnlich, viele Textpassagen stimmen sogar wörtlich überein. Es zählt zu den bedeutendsten Forschungsergebnissen der neueren Theologie, eine schlüssige, die Übereinstimmungen und die Abweichungen erklärende Theorie über den Zusammenhang der drei synoptischen Evangelien entwickelt zu haben: die Ende des 19. Jahrhunderts formulierte und seitdem verfeinerte Zweiquellentheorie.

Danach lagen den Autoren des Matthäus- und des Lukasevangeliums eine Version des Markusevangeliums vor (vgl. dazu Schnelle 2007a, 194 f.) und eine Sammlung von Jesusworten, für die man den Ausdruck »Logien-« oder »Spruchquelle Q« erfunden hat (vgl. dazu im Detail Krieger und Hoffmann/Heil). Außerdem hatten beide Autoren noch eigene Überlieferungsquellen, das sogenannte »Sondergut«.

Die Logienquelle Q kann man sich tatsächlich als eine Spruchsammlung vorstellen – mit wenig erzählerischen Komponenten und vor allem ohne Passionsgeschichte, allerdings theologisch bewusst und kunstvoll komponiert. Sie lag in schriftlicher Form vor, ansonsten wäre die teilweise exakte Wortsymmetrie bei Matthäus und Lukas nicht erklärbar (Schnelle 2007a,

225). Q entstand in Palästina vor der Zerstörung des Tempels, ist also noch älter als das Markusevangelium und dichter am Geschehen. Theologisch interessant ist an Q, dass den Verfassern zwar der Kreuzestod Jesu bekannt war, aber für sie offenbar keine heilsgeschichtliche Bedeutung hatte (Schnelle 2007a, 235). Q konzentriert sich ganz auf die Botschaft Jesu. In den benutzten Bildern kann man erkennen, dass sowohl die Berichte sesshafter Jesusanhänger als auch die von Wandermissionaren einflossen. Insgesamt umfasst Q etwa 200 Verse, darunter so bekannte Jesusworte wie einen Teil der Seligpreisungen, das Vaterunser und das Gebot der Feindesliebe. Q ist praktisch vollständig in den Evangelien nach Matthäus und Lukas enthalten. Sie wird in der Regel nach Lk zitiert.

Dass Q kein rein theoretisches Konstrukt ist, zeigte sich spätestens 1945, als im ägyptischen Nag Hammadi unter anderem eine Papyrus-Sammlung mit 114 Jesusworten entdeckt wurde, die man »Thomasevangelium« nannte (siehe »Verpflegungsstation 2« auf S. 57–60). Auch diese Sammlung verzichtet auf erzählerische Ausschmückungen und zeigt exemplarisch, dass die mit Q postulierte literarische Gattung keine Erfindung von Theologen ist.

Obwohl die Evangelien nach Matthäus und Lukas mit Markus und Q aus den gleichen Hauptquellen schöpfen, setzen sie doch ganz unterschiedliche Akzente. Der Autor des Matthäusevangeliums steht von allen vier Evangelisten den Juden am nächsten, weshalb er eher im judenchristlichen als im heidenchristlichen Milieu verortet wird (siehe aber die Gegenargumente bei Schnelle 2007a, 263f.). Jesu Botschaft allerdings gilt auch im Matthäusevangelium von Anfang an genauso den Heiden: Das zeigt schon die Geschichte der »Weisen aus dem Morgenland«, die als Erste den »neugeborenen König der Juden« anbeten wollen (Mt 2,1f.).

Das Matthäusevangelium ist um Ausgleich zwischen Juden und Heiden sowie um theologische Systematik bemüht. Jesu Lehre und die Tora, die fünf Bücher Mose, sind hier kein Gegensatz (Mt 5,17–20), sondern werden in einem »konsequent ethischen Christentum« versöhnt (Theißen 2010, 71). Prägendes Kompositionsprinzip dieses Evangeliums sind sieben Reden Jesu[10].

---

10. In den meisten Erläuterungen zum Matthäusevangelium werden nur fünf große Reden erwähnt. Ich halte mich hier an die von Jürgen Roloff vorgeschlagene Gliederung (Roloff 1995, 165): Bergpredigt (Mt 5,1–7,28), Aussendungsrede (10,5–11,1), Rede über Johannes den Täufer (11,2–19), Gleichnisrede (13,1–52), Gemeinderegel-Rede (18,1–25), Rede gegen die Pharisäer (23,1–39) und die Endzeitrede (24,1–25,46).

Die Zahl Sieben spielt überhaupt eine große Rolle: Neben den sieben Reden finden wir sieben Seligpreisungen, sieben Bitten im Vaterunser, sieben Gleichnisse und sieben Weherufe.

Dem Schreiber des Lukasevangeliums, der auch die Apostelgeschichte verfasste, ging es weniger um die Systematik als um die historische Einordnung des Geschehens. Den Namen »Lukas« erhielt das Evangelium übrigens wegen der im 2. Jahrhundert aufkommenden Vermutung, der Verfasser sei der ärztliche Begleiter von Paulus gewesen. Das ist aber höchst unwahrscheinlich, weil die lukanische Theologie der paulinischen diametral gegenübersteht und sich auch die Reisedetails in der Apostelgeschichte nicht mit denen in den echten Paulusbriefen decken.

Der Autor beginnt mit einem Vorwort nach Art der griechischen Historiker (Lk 1,1–4), in dem er sich selbst als Augenzeugen bezeichnet, und er bemüht sich um exakte Datierungen durch synchrone Ereignisse (Lk 2,1f.; 3,1f.). Diesem längsten Evangelium mit dem umfangreichsten Sondergut unter den Synoptikern verdanken wir die meisten bildhaften Geschichten – der Autor ist ein packender Erzähler, wie beispielsweise seine Schilderungen von Jesu Gebetskampf in Gethsemane (Lk 22,39–46), die Begegnung mit den Emmaus-Jüngern (Lk 24,13–35) und das berühmte Gleichnis vom barmherzigen Samariter (Lk 10,30–37) zeigen. Das Lukasevangelium will Jesu Wirken und Lehre plastisch machen, es richtet sich an heidenchristliche Gemeinden der dritten Generation (vgl. Schnelle 2007a, 286) und spiegelt deren Probleme wider. Zum Beispiel die große Polarität zwischen reichen und armen Gemeindemitgliedern: Der rechte Umgang mit Geld und Besitz ist hier ein zentrales Thema – das wir in Abschnitt 28 gesondert beleuchten.

Eine Sonderstellung unter den vier Evangelien nimmt das nach Johannes benannte ein. Es entstand wohl zwischen 100 und 110 in Kleinasien, wahrscheinlich in Ephesos, und ist damit vom historischen Geschehen am weitesten entfernt.[11] Dem Verfasser lagen zumindest das Markus- und das Lukasevangelium vor, darüber hinaus auch eigene originäre Quellen, insbesondere zum Passionsgeschehen. Das aber war nicht der Grund, wa-

---

11. Abweichend von dieser mehrheitlich vertretenen Vermutung macht sich der Neutestamentler Klaus Berger mit guten, aber wohl nicht ausreichenden Argumenten für eine Frühdatierung des Johannesevangeliums auf vor 66 n. Chr. stark (Berger 1997, 11; vgl. dazu auch Schnelle 2007a, 510f.).

rum er den bereits vorhandenen schriftlichen Zeugnissen ein eigenes hinzufügte. »Das Johannesevangelium ist eine Neuinterpretation des christlichen Glaubens«, schreibt der Theologie Gerd Theißen, »der man ein Ungenügen am traditionellen Christentum anmerkt« (Theißen 2010, 98). Jesus entwickelt sich hier nicht zum Christus, er ist hier von vornherein die Selbstoffenbarung Gottes. Er verkündet nicht das kommende, nahe oder sich ab jetzt verwirklichende »Reich Gottes« – der Ausdruck findet sich im Evangelium nur einmal – , er verkündet sich selbst als Heilsbringer. Charakteristisch sind die »Ich-bin«-Worte: »Ich bin das Brot des Lebens« (6,35), »… das Licht der Welt« (8,12), »… die Tür« (10,7), »… der gute Hirte« (10,11), »… die Auferstehung und das Leben« (11,25), »… der Weg, die Wahrheit und das Leben« (14,6), »… der Weinstock« (15,5). Im übertragenen Sinn: Jesus ist alles, was die Menschen für ihr Leben brauchen – Nahrung, Orientierung, Führung und Zukunft.

Der eigenständigen Theologie dieses Evangeliums muss sich die erzählerische Stringenz und Logik unterordnen. Jesus wechselt mehrmals seinen Wirkungsort zwischen Jerusalem und Galiläa, während er im ältesten Markusevangelium nur einmal zum Schluss seines Wirkens in die Hauptstadt der Juden reist. Die Tempelreinigung steht im Johannesevangelium am Anfang, Grund für Jesu Festnahme ist hier das größte im Neuen Testament überlieferte Wunder, die Auferweckung des toten Lazarus (Joh 11,45–53).

Inhaltlich zentral ist im Johannesevangelium das Motiv der Liebe Gottes, das sich in der Sendung seines Sohnes offenbart. Der göttlichen Liebe ist der Hass entgegengesetzt, den der »Fürst dieser Welt« sät (Joh 12,31; 14,30; 16,11). Diese dualistische Anlage hat das Johannesevangelium lange Zeit dem Verdacht ausgesetzt, ein frühes Dokument der Gnostik zu sein, das sich unberechtigterweise Zugang zum Bibelkanon verschafft habe. Doch der gnostische Mythos, nach dem Welt und Mensch die Schöpfung einer widergöttlichen Macht sind, entwickelte sich erst im späten 2. Jahrhundert. Das Johannesevangelium mag unter Gnostikern besonders beliebt gewesen sein, gnostische Elemente enthält es darum trotzdem nicht. Der neueren christlichen Theologie gilt das Johannesevangelium als besonders fortgeschritten und komplex.

VERPFLEGUNGSSTATION 2

DAS FÜNFTE EVANGELIUM

Neben den 27 Schriften, die seit 367 den von allen christlichen Kirchen akzeptierten Kanon des Neuen Testaments ausmachen, gibt es eine ganze Reihe von frühchristlichen Schriften, die nach Inhalt und Anspruch ebenfalls für eine Aufnahme in Frage gekommen wären. Die verdienstvolle Sammlung von Klaus Berger und Christiane Nord umfasst 57 nicht-kanonische Texte aus der Zeit zwischen 60 und 200 n. Chr. (vgl. Berger/Nord, 12). Viele dieser apokryphen Schriften sind eher historisch für die Geschichte des Christentums als theologisch für den christlichen Glauben interessant. Aber ein Text ragt in seiner Bedeutung heraus – das Thomasevangelium, das nach seinen ersten Worten benannt ist: »Das sind die Worte Jesu, des Lebendigen. Sie waren bis jetzt verborgen. Didymus Judas Thomas hat sie aufgeschrieben.«

Die Verborgenheit des Textes, auf die hier hingewiesen wird, hat sich ironischerweise im Lauf der Geschichte wiederholt. Man kannte das Thomasevangelium nur aus Erwähnungen altkirchlicher Schriften, bis 1945 unter den Schriften einer Bibliothek in Oberägypten der vollständige Text in koptischer Übersetzung gefunden wurde. Er besteht aus 114 Sprüchen Jesu ohne erzählerischen Zusammenhang, weshalb der Begriff »Evangelium« eigentlich unangemessen ist. Etwa die Hälfte davon findet man gleich oder ähnlich in den synoptischen Evangelien, die andere Hälfte ist eigenständig. Einige Sprüche könnten in späteren Redaktionsschichten gnostisch eingefärbt sein – die ägyptische Handschrift stammt aus der Zeit um 400 (Krieger, 31). Doch der Ursprung des Thomasevangeliums wird von der Forschung inzwischen auf »spätestens 70 bis 80 n. Chr.« datiert (Berger/Nord, 645), nachdem man zunächst von einer Entstehung im 2. Jahrhundert ausgegangen war und dem Text daher keinen eigenen, über die kanonischen Evangelien hinausgehenden Stellenwert einräumte. »Insgesamt lässt sich heute mit einiger Zuversicht sagen«, so der Neutestamentler Jürgen Roloff, »dass das Thomasevangelium mindestens teilweise alte Traditionen bewahrt hat, die unter starkem Authentizitätsverdacht stehen und einen autonomen Überlieferungsstrang neben der synoptischen Tradition repräsentieren dürften« (Roloff 2007, 26).

Theologisch auffällig ist an den Jesusworten, dass das »Reich« oder die »Herrschaft Gottes« hier sehr diesseitig verstanden wird – nicht als ein zu erwartendes Ereignis, sondern als ein sich bereits vollziehender Prozess (vgl. dazu auch Abschnitt 15). Zu den interessantesten Logien aus dem Thomasevangelium zählen die folgenden:

> »Jesus sagt: ›Da gibt es Leute, die euch anleiten möchten. Wenn sie sagen: ›Gottes Herrschaft ist im Himmel‹, hört nicht hin, denn da sind die Vögel … früher als ihr. Wenn sie zu euch sagen: ›Gottes Herrschaft ist im Meer‹, hört nicht hin, denn da sind euch die Fische … voraus. Gottes Herrschaft ist vielmehr innerhalb und außerhalb von euch‹« (Thom 3).

* * *

> »Jesus sah kleine Kinder, die gestillt wurden. Er sagte zu seinen Jüngern: ›Diese Kleinen, die gestillt werden, kann man mit denen vergleichen, die in die Herrschaft Gottes eingehen.‹ Die Jünger fragten: ›Werden wir denn als Säuglinge in Gottes Herrschaft eingehen?‹ Jesus antwortete: ›Wenn ihr die zwei zu einem macht, wenn ihr das Innere wie das Äußere macht und das Äußere wie das Innere und das Obere wie das Untere, nämlich, dass ihr das Männliche und das Weibliche zu einem Einzigen macht …, wenn es neue Augen gibt anstelle der alten, eine neue Hand anstelle der alten, neue Füße anstelle der alten, eine ganz neue Gestalt anstelle der alten, dann werdet ihr eingehen in Gottes Herrschaft‹« (Thom 22).

(Hier wird der aus den synoptischen Evangelien bekannte Vorbildcharakter der Kinder präzisiert: Bei ihnen ist Inneres und Äußeres gleich – sie können sich nicht verstellen –, es gibt unter ihnen keine Rangordnung von oben nach unten und keine sexuelle Diskriminierung. Wer nach diesem Beispiel lebt, verwandelt sich von Grund auf.)

»*Einige Jünger fragen Jesus: ›Nützt die Beschneidung oder nicht?‹ Jesus antwortete: ›Wenn sie etwas nützte, dann würde man schon beschnitten vom Vater aus der Mutter gezeugt. Aber die wahre Beschneidung im Geist ist besser als alles andere‹*« (Thom 53).

* * *

»*Jesus sagt: ›Die Herrschaft des [Vaters] ist wie eine Frau, die trug auf ihrem Kopf einen bis oben hin mit Mehl gefüllten Krug. Die hatte einen weiten Weg bis nach Hause. Der Henkel des Kruges zerbrach. Das Mehl rieselte hinter der Frau auf den Weg. Sie jedoch bemerkte nichts und wusste nichts von ihrem Missgeschick. Als sie zu Hause angekommen war, stellte sie den Krug auf den Boden und fand ihn leer‹*« (Thom 97).

* * *

»*Die Jünger fragten Jesus: ›Wann wird die Herrschaft Gottes offenbar werden?‹ [Jesus antwortete:] ›Nicht dann, wenn man es erwartet. Man wird auch nicht sagen können: ›Hier ist es!‹ oder: ›Dort ist es!‹ Sondern die Herrschaft des Vaters ist [jetzt schon] ausgebreitet über die Erde, und die Menschen sehen sie nicht‹*« (Thom 113).

* * *

»*Jesus sagt: ›Die Herrschaft des Vaters ist wie ein Mann, der plante, einen Vornehmen zu töten. Er zückte das Messer in seinem Hause und stach es in die Wand, um zu sehen, ob seine Hand stark [genug] sei. Dann tötete er den Vornehmen‹*« (Thom 98).

Mit diesem martialischen Bild unterstreicht Jesus den Mut und die Ernsthaftigkeit, die ein Bekenntnis zu Gottes Herrschaft erfordert. Das Gleichnis lässt sich zunächst auf den Jesus der Evangelien selbst anwenden: Der verführerischen Macht des Teufels stellt er sich gleich nach der Taufe, quasi zur Probe, bei den Versuchungen in der Wüste (siehe Abschnitt 35). Nachdem er die bestanden hat, beginnt er seine Lehrtätigkeit und seinen beispielhaften Lebenswandel. Das Gleichnis gilt aber vor allen denen, die Jesus nachfolgen wollen: Wer Gottes Willen in seinem Leben umsetzen will, muss bereit sein, sich mutig und gegebenenfalls schmerzhaft von Liebgewonnenen und Liebgewonnenem zu trennen. Wer Jesus nachfolgen will, muss – übrigens wie ein Läufer – Kraft und Ausdauer haben, um den Versuchungen eines leichteren, bequemeren Lebens zu widerstehen. Weniger militant als das Gleichnis im Thomasevangelium, aber nicht weniger nachdrücklich drückt es dieses Jesuswort im Evangelium des Lukas aus:

»Wenn jemand zu mir kommt und hasst nicht seinen Vater, Mutter, Frau, Kinder, Brüder, Schwestern und dazu sich selbst, der kann nicht mein Jünger sein ... Oder welcher König will sich auf einen Krieg einlassen gegen einen anderen König und setzt sich nicht zuvor hin und hält Rat, ob er mit 10 000 dem begegnen kann, der über ihn kommt mit 20 000?« (Lk 14,26.31).

15 KM

WAS WAR DAS BESONDERE VON JESU BOTSCHAFT ZU SEINER ZEIT?

Die kürzeste Zusammenfassung von Jesu Botschaft ist, wie wir bereits in Abschnitt 12 sahen: Von nun an ist Gottes Wille die oberste Norm, seine Herrschaft hat begonnen, sein »Reich« ist gekommen (vgl. Mk 1,15). Das war für die Juden zu Jesu Lebzeiten eine sehr präsente Hoffnung, denn ihre Propheten hatten die Königsherrschaft Gottes schon angekündigt. Wir können das heute im Kanon des Alten Testaments nachlesen, zum Beispiel bei Jesaja (Jes 52,7), Micha (Mi 4,1–8) und am eindringlichsten bei Sacharja (Sach 14,7–9). Unter der Besatzungsmacht der Römer hatte sich die Erwartung des unterdrückten Volkes Israel weiter verdichtet.

Auch Johannes der Täufer predigte das nahe Reich Gottes. Aber er beschrieb es als ein baldiges Endzeitgericht über Juden und Heiden, in dessen Vorfeld man besser Buße tue (Mk 1,4; Mt 3,7; Lk 3,8f.). Jesus, der sich von Johannes taufen ließ und ihm vielleicht sogar seine ersten Jünger abwarb (vgl. Joh 1,35), beschreibt das Reich Gottes ganz anders: als eine frohe Botschaft der Vergebung, Gnade und Liebe für alle Menschen. Diese Botschaft, die uns die auf gleiche Quellen zurückgehenden Kapitel der »Bergpredigt« im Matthäus- und der »Feldrede« im Lukasevangelium überliefern (Mt 5–7; Lk 6,20–49), war etwas revolutionär Neues.

Eine weitere Besonderheit betrifft die Art und Weise, wie sich diese Regentschaft Gottes verwirklicht. Sind die frühesten Textschichten des Neuen Testaments noch von der sogenannten Naherwartung geprägt, also von der Hoffnung auf eine unmittelbar bevorstehende Realisierung der Gottesherrschaft (vgl. Mk 9,1), erlauben Jesu Gleichnisse zum »Reich Gottes« eine ganz andere Lesart: Gottes Herrschaft kommt nicht von einem auf den anderen Tag, sondern wächst in dem Maße heran, wie die Menschen die Botschaft Jesu an- und aufnehmen. Das Gleichnis vom Sämann zum »Geheimnis des Reiches Gottes« (Mk 4,11) erläutert dies besonders plastisch:

>*»Siehe, es ging ein Sämann aus zu säen. Und es begab sich, indem er säte, dass einiges auf den Weg fiel; da kamen die Vögel und fraßen's auf. Einiges fiel auf felsigen Boden, wo es nicht viel Erde hatte; und ging alsbald auf, weil es keine tiefe Erde hatte. Als nun die Sonne aufging, verwelkte es, und weil es keine Wurzeln hatte, verdorrte es. Und einiges fiel unter die Dornen; und die Dornen wuchsen empor und erstickten's, und es brachte keine Frucht. Und einiges fiel auf gutes Land, ging auf und wuchs und brachte Frucht, und einiges trug dreißigfach und einiges sechzigfach und einiges hundertfach«*
>*(Mk 4,3–8).*

Wenn wir uns Jesus als Sämann denken, den Samen als seine Botschaft und die verschiedenen Untergründe als die verschiedenen Arten, als Mensch für die Lehre Jesu offen zu sein, dann liegt es an uns selbst, Gottes Willen in uns aufgehen zu lassen. Sind wir guter Boden, in dem der Samen tief wurzeln kann? Oder gibt unsere Hartherzigkeit dem Samen keine Entfaltungsmöglichkeit? Oder lassen wir unsere Chance der Nähe zu Gott überwuchern von anderen, uns schneller befriedigenden Trieben?

Auf die Kernfrage, was ist denn nun der Same, was ist die Botschaft Jesu, geben uns die matthäische Bergpredigt und die lukanische Feldrede die konzentrierteste Auskunft. Jesus radikalisiert das mosaische Gesetz darin in zwei Richtungen: Zum einen betont er, dass nicht die Tat allein, sondern die Gesinnung ausschlaggebend ist. Das fünfte Gebot ächtet nach Jesus nicht erst das Töten, sondern schon den Zorn, der zum Töten führen kann (Mt 5,22). Der Ehebruch wird nicht mit einem Akt vollzogen, sondern schon mit dem begehrlichen Blick (Mt 5,28). In dieser Zuspitzung kann sich wohl niemand rühmen, den Geboten immer zu genügen. Jesu nahezu unerfüllbare Normen lassen keinen Platz für Selbstgerechtigkeit – den größten Feind eines Gottesglaubens. Zum anderen fordert Jesus einen bedingungslosen Gewaltverzicht, der über die Schadensbegrenzungsregel des Talionsprinzips im alten »Bundesbuch« hinausgeht: »Auge um Auge, Zahn um Zahn, Hand um Hand, Fuß um Fuß, Brandmal um Brandmal, Beule um Beule, Wunde um Wunde« (Ex 21,24f.). Jesus setzt dagegen: »Wenn dich jemand auf deine rechte Backe schlägt, dem biete die andere auch dar« (Mt 5,39). Den Kreislauf der Gewalt, die Dynamik des Hasses kann man nur mit Liebe und Verzicht auf Vergeltung durchbrechen. Dass dies durchaus mit Würde geschehen kann, zeigt das Beispiel mit dem Wangenschlag: Da auch zu Jesu Zeiten die meisten Menschen Rechtshänder waren, bedeutete ein Schlag auf die rechte Wange ein Schlag mit dem Handrücken. Der galt damals als besonders erniedrigend und wurde doppelt so hoch bestraft wie eine normale Ohrfeige (vgl. Lapide, 128). Mit dem Darbieten der linken Wange forderte man das Gegenüber also zu einer Aktion auf Augenhöhe auf.

Das Gebot der Feindesliebe, zu dem Jesus als Höhepunkt der sogenannten Antithesen in der Bergpredigt mahnt, war für seine Zuhörer eigentlich nicht neu. Auch wenn das Matthäusevangelium Jesus sagen lässt: »Ihr habt gehört, dass gesagt ist, du sollst deinen Nächsten lieben und deinen Feind hassen« (Mt 5,43), findet sich für das Hassgebot der Feinde kein Beleg im altjüdischen Schrifttum. Schon das mosaische Gesetz fordert einen gütigen Umgang mit seinen Gegnern (vgl. Ex 23,4f. und Lev 19,33f.). Dennoch verbindet sich bei Jesus mit seiner radikalen Forderung, »Liebt eure Feinde und bittet für die, die euch verfolgen, damit ihr Kinder seid eures Vaters im Himmel« (Mt 5,44), eine neue Einsicht: Nur eine prinzipiell bedingungslose Liebe setzt uns in das engste denkbare Verhältnis mit Gott.

Interessanterweise eckte Jesus zu seiner Zeit aber nicht mit den Gesetzesverschärfungen an, sondern vielmehr mit den Aussagen, die man als ein Plädoyer für mehr Freiräume verstehen konnte: zum Sabbat, zum Reinheitsgebot und zum Fasten. Auch hier folgt Jesus dem Ansatz, dass die Haltung entscheidend ist und nicht das Tun allein. »Der Sabbat ist um des Menschen willen gemacht und nicht der Mensch um des Sabbat willen« (Mk 2,27), sagt er den Pharisäern, die sich darüber mokierten, dass Jesu Jünger am Sabbat verbotenerweise Ähren auszupften. Und als er sich für die Heilung eines Kranken am Sabbat rechtfertigen sollte, sagt Jesus: »Soll man am Sabbat Gutes tun oder Böses tun, das Leben erhalten oder töten?« (Mk 3,4). Daraufhin schweigen die Kritiker. Der Sabbat ist bei Jesus nicht religiöser Selbstzweck, sondern er deutet den siebten Tag des damaligen Kalenders in seinem ursprünglichen Sinn: als Tag der Freude für den Menschen durch die heilende Gegenwart Gottes.

Nicht anders seine Interpretation der kultischen Reinheitsgebote, in denen genauestens aufgelistet ist, welche Tiere der Mensch essen darf und welche nicht (Lev 11). Jesus stellt dagegen: »Es gibt nichts, was von außen in den Menschen hineingeht, das ihn unrein machen könnte; sondern was aus dem Menschen herauskommt, das ist's, was den Menschen unrein macht« (Mk 7,15). Damit setzt er gegen eine äußerliche Reinigungspraxis die Reinheit des Herzens, die sich in dem äußert, was wir sagen und wie wir anderen und Gott begegnen. Den Pharisäern, die das nicht gesetzesmäßige Verhalten seiner Jünger kritisieren, ruft er zu: »Wie fein hat von euch Heuchlern Jesaja gesagt, wie geschrieben steht: ›Dies Volk ehrt mich mit den Lippen; aber ihr Herz ist fern von mir‹« (Mk 7,6).

Wenn die Pharisäer in den Evangelien als die wichtigsten Disputanten Jesu erscheinen, so darf man daraus nicht schließen, dass ihre Positionen am weitesten entfernt waren. Im Gegenteil: »Mit den Pharisäern musste sich der Konflikt besonders zuspitzen, weil die Gemeinsamkeit besonders groß war« (Küng 1974, 197). Die Pharisäer teilten mit Jesus die Auffassung, dass ein gottgefälliges Leben sich nicht nur im Tempelkult erweist, sondern auch im Alltag. Außerdem wollten beide allen Menschen Zugang zum Heil verschaffen und unterschieden sich dadurch gänzlich von den Essenern, die das Heil nur für sich erwarteten, und auch von den Sadduzäern, die mit den Römern sympathisierten und entsprechende Machtpositionen – wie den Hohen Rat, der Jesus an Pilatus auslieferte – besetzen konnten.

Jesu Gegnerschaft zu den Pharisäern entzündete sich an ihrer Kombination aus Gesetzestreue und kompromissbereiter Gesetzesauslegung: In ihrem Bestreben, das strenge mosaische Gesetz der Tora für alle praktikabel zu machen, hatten die Pharisäer einen großen Fleiß in der Kasuistik entwickelt. Für die schwerer einzuhaltenden Gebote gab es viele Ausnahmeregelungen, damit sich jeder damit arrangieren konnte. Die Vorschrift, dass man am Sabbat nichts außer Haus tragen durfte, wurde zum Beispiel dadurch erleichtert, dass man mehrere Häuser zu einem Hausbezirk erklären durfte. Auch einen in den Brunnen gefallenen Ochsen durfte man am Sabbat retten, obwohl diese Arbeit eigentlich verboten war (vgl. Küng 1974, 196). Hier ist Jesu Botschaft radikal anders: Er interpretiert das Gesetz nicht buchstabentreu, sondern von seiner Intention her. Er lässt keinen Platz für selbstgerechte Frömmigkeit, die sich in der Sicherheit der Gesetzestreue wiegt. Statt die Gesetze für den Menschen zu ändern, verlangt Jesus die grundsätzliche Veränderung des Menschen.

Ein weiterer Aspekt des Wirken Jesu, der in seiner Zeit für großes Aufsehen sorgte, war die Nähe, die er zu Randständigen und Ausgestoßenen suchte – zu den Armen, Kranken, Schwachen, als gottlos Geltenden. Körperliches und seelisches Leid interpretierte der Volksglaube durchaus als Strafe Gottes. Dem hat Jesus entschieden widersprochen – durch Worte (vgl. Joh 9,1–3) und Taten: Die Wunderheilungen, von denen uns die Evangelien berichten, zeugen davon. Noch skandalöser war seine Parteinahme für die aus damaliger Sicht Kriminellen, die Betrüger, die Prostituierten und moralischen Versager. Zöllner gehörten dazu, weil sie mit der Besatzungsmacht kollaborierten und bekannt dafür waren, in die eigene Tasche zu wirtschaften. Und trotzdem zieht Jesus den »Gott, sei mir Sünder gnädig« betenden Zöllner dem Pharisäer vor, der sich seiner Gesetzestreue rühmt (Lk 18,9–14). Die Ehebrecherin rettet er vor der Steinigung, der höchsten Strafe nach jüdischem Recht, mit dem berühmten Satz: »Wer unter euch ohne Sünde ist, der werfe den ersten Stein auf sie« (Joh 8,7). Von einer stadtbekannten Prostituierten lässt er sich bei einem Gastmahl bei einem Pharisäer die Füße küssen und salben und rechtfertigt sich: »Ihre vielen Sünden sind vergeben, denn sie hat viel Liebe gezeigt« (Lk 7,47).

Das Bild, das seine Gegner von ihm gewinnen mussten, die die Botschaft der Liebe und Gottesnähe nicht verstanden, hat Jesus selbst am pointiertesten zusammengefasst: »Siehe, dieser Mensch ist ein Fresser und Weinsäufer, ein Freund der Zöllner und Sünder!« (Lk 7,34).

16 KM

WARUM REDET JESUS IN BILDERN?

In den vier Evangelien finden sich ganz verschiedene Arten von bildhafter Rede Jesu. Die bekannteste Gattung sind die Gleichnisse, bei der etwas Abstraktes mit einem konkreten Bild aus der Alltagswelt verglichen und erzählerisch ausgestaltet wird. Typische Beispiele sind die Vergleiche des Reichs Gottes mit einem Senfkorn (Mt 13,31f.), dem Sauerteig (Mt 13,33) oder dem Schatz im Acker (Mt 13,44). Umgangssprachlich meist auch als »Gleichnisse« werden die Parabeln bezeichnet – Erzählungen, die einen überraschenden Handlungsverlauf haben und in der Regel schwieriger zu deuten sind. Paradigmatisch dafür sind die Parabel vom verlorenen Sohn (Lk 15,11–32) oder die von den Arbeitern im Weinberg (Mt 20,1–6). Eine Sonderform der Parabel ist die Beispielerzählung – etwa die vom barmherzigen Samariter (Lk 10,30–37) –, die szenisch ein vorbildhaftes Verhalten ausschmückt. Als letzte Gattung von Jesu bildhafter Rede seien die Bildworte genannt, die für das Johannesevangelium typisch sind (»Ich bin das Brot des Lebens« [6,35], »… das Licht der Welt« [8,12] – vgl. Abschnitt 14). Da die Übergänge zwischen den Formen fließend sind, schließen wir uns im Folgenden dem verbreiteten Sprachgebrauch an und benutzen »Gleichnis« als Oberbegriff.

Auch wenn Jesus das Reden in Gleichnissen sicher nicht erfunden hat, war seine bildhafte Redeweise für die Zuhörer etwas Besonderes. »Warum redest du zu ihnen in Gleichnissen?«, fragen ihn laut Matthäusevangelium seine Jünger. »Er antwortete und sprach zu ihnen: Euch ist's gegeben, die Geheimnisse des Himmelreichs zu verstehen, diesen aber ist's nicht gegeben« (Mt 13,10f.). Mit den Gleichnissen löst Jesus den Widerspruch, dass die Wahrheit über das Wirken Gottes einerseits etwas sehr Abstraktes ist, andererseits aber allen Menschen zugänglich gemacht werden soll. Die Heilsbotschaft ist nicht den Schriftgelehrten und Theologen vorbehalten, sondern soll für alle verständlich werden. Deshalb bedient sich Jesus einfacher Bilder aus der Alltagswelt seiner Zuhörer, also vornehmlich aus dem ländlichen Milieu: Da ist von Äckern und Saat die Rede, von Weinbergen und Grundbesitzern, von Getreide und Brotbacken. Zu Jesu Zeiten waren 97 Prozent der Fläche Galiläas landwirtschaftlich genutzt, wohl zwei Drittel der Bevölkerung lebten vom Ackerbau (vgl. Krieger, 94).

Der häufige Bezug auf ähnliche Bilderwelten ermöglicht Jesus komplexe Aussagen, obwohl er sich mit Blick auf seine Zielgruppe im Wortschatz ganz bescheiden zeigte: Nur 450 Wörter benutzt er in den uns überlieferten Aussagen der Evangelien – das sind gerade mal zehn Prozent des gesamten Wortschatzes im Neuen Testament. Nur wenige seiner Sätze enthielten in seiner aramäischen Muttersprache mehr als fünf Wörter (vgl. Verdoodt, 230).

Außerdem sind die Gleichnisse so kurz, dass man sie beim ersten Hören behalten kann und nicht nochmals nachlesen muss. Ein Vorteil, der heute aktueller ist denn je, wie Margot Käßmann betont: »Jedes der Gleichnisse Jesu lässt sich wahrscheinlich in einer Minute und 30 Sekunden lesen« und damit »radiogerecht vermitteln« (Käßmann 2007, 27).

Die meisten Gleichnisse thematisieren die Gottesherrschaft – wie man als Mensch ihr begegnen kann (z.B. Gleichnis vom Sämann: Mk 4,3–20), wie sie sich unaufhaltsam ausweitet (z.B. Senfkorn-Gleichnis: Mk 4,30–32), unbeeindruckt von gegnerischen Kräften (z.B. Gleichnis vom Unkraut im Weizen: Mt 13,24–30) und wie sich die Gnade Gottes auswirkt (z.B. Gleichnis vom königlichen Hochzeitsmahl: Mt 22,1–14).

Man würde die Bilder Jesu aber falsch verstehen, sähe man in ihnen die populärtheologische Übersetzung einer komplexen Heilsbotschaft. Die Gleichnisse vereinfachen nicht, sie eröffnen unserem Verständnis den Zugang zu einer Wirklichkeit, die uns ansonsten verschlossen bliebe. Würde man Gottes Handeln eins zu eins und vollständig in einem sprachlich formulierten Gebilde abbilden können, wäre diese Sprache mächtiger als Gott. »Was hier zu zeigen und zu sagen ist, bedarf der *indirekten* Mitteilung, des erschließenden *Hinweises,* der bildhaften *Andeutung.* Es lässt sich nicht in der sogenannten ›Sprache der Tatsachen‹ erfassen und vermitteln. Durch sie würde es vielmehr zerstört« (Härle 2007, 310).

Der Zweck der Gleichnisse ist nicht in jedem Fall das schnellere Verstehen. Manche Bilder betonen gerade umgekehrt das Schwerverständliche, das Unerhörte der Botschaft. Zum Beispiel die Erzählung von den Arbeitern im Weinberg, die von dem Besitzer alle den gleichen Lohn erhalten, obwohl einige von ihnen zwölf, einige sechs, einige drei und einige sogar nur eine Stunde verpflichtet wurden (Mt 20,1–6). Die Pointe ist hier, dass göttliche Gerechtigkeit und Gnade nicht mit menschlicher Gerechtigkeit und Berechnung zu vergleichen sind.

Ähnlich sperrig ist das Gleichnis vom betrügerischen Verwalter (Lk 16,1–8), dessen Machenschaften dem Grundbesitzer zu Ohren gekommen sind und der ihn nun entlassen will. Die kurze Zeit, die dem Verwalter noch bleibt, nutzt er, um Schuldurkunden der Unterpächter zu fälschen, dafür Bestechungsgelder zu kassieren und so seine Existenz zu sichern. Jesus zeigt mit diesem Bild, dass man auch von den Verbrechern lernen kann – zumindest dies, dass sie allzeit wach und klug genug sind, um in Krisensituationen sofort zu reagieren.

Es liegt im zeitlosen Wesen der Gleichnisse Jesu, dass sie auf verschiedenen Ebenen interpretiert werden können. Welche Ebene dabei die wichtigste ist, liegt weniger im Gleichnis selbst, vielmehr in den Umständen, unter denen es aufgenommen wird. Exemplarisch dafür ist die Beispielerzählung vom barmherzigen Samariter (Lk 10,30–35). Hier kann die Pointe darin gesehen werden, dass der Priester und der Levit an dem verletzten Verbrechensopfer achtlos vorübergehen und ausgerechnet ein Samariter, ein aus jüdischer Sicht von Gott Abgefallener, vorbildhaft handelt. Eine andere, für uns heute ungleich bedeutendere Pointe ist jedoch die darin enthaltene revolutionäre Sichtweise der Nächstenliebe. Dem werden wir uns in Abschnitt 26 widmen.

MUSS MAN AN DIE JUNGFRAUENGEBURT GLAUBEN?

Die ältesten Überlieferungsschichten des Neuen Testaments wissen nichts von einer Jungfrauengeburt Jesu. Paulus, der eine solche Aussage gewiss nicht verschwiegen hätte, schon um die Heilsbedeutung von Jesus zu unterstreichen, schreibt über seine Herkunft lediglich: »geboren von einer Frau« (Gal 4,4). Das älteste Evangelium, das nach Markus benannte, berichtet uns gar keine Details über Jesu Herkunft und Kindheit.

Die Jungfrauengeburt ist nur in den Geburtsgeschichten des Matthäus- und des Lukasevangeliums erwähnt. Sie gehört zu den wenigen Details, in denen beide Erzählungen übereinstimmen. Nach Matthäus lebten Maria und Josef in Bethlehem, als Jesus geboren wurde. Sie flüchten vor Herodes dem Großen, der den angeblichen neuen König der Juden töten will, zunächst nach Ägypten. Später, nach Herodes' Tod, kehren sie nach Israel zurück und lassen sich in Nazaret nieder (Mt 1,18–2,23). In der bekannteren

Version des Lukasevangeliums, das auch die Grundlage unserer weihnachtlichen Gebräuche ist, ziehen Josef und die schwangere Maria aus Nazaret für eine Volkszählung nach Bethlehem, wo Jesus geboren wird, und kehren über den Umweg nach Jerusalem zurück nach Nazaret (Lk 2).

Beide Darstellungen versuchen auf ihre Weise, Jesu historisch gesicherte Herkunft aus Nazaret, einer bis dato im jüdischen Schrifttum unbekannten Stadt, mit der prophetischen Ankündigung zu verbinden, dass der Retter Israels aus der Davidsstadt Bethlehem komme (Mi 5,1). Auch die unterschiedlichen Stammbäume in den Evangelien haben den Zweck, Jesus als den von den Propheten angekündigten Messias darzustellen, der als ein Nachfahre Davids vorausgesagt wird (2 Sam 7,11–16). Während im Matthäusevangelium der Stammbaum Jesu bei Abraham beginnt und in einem auf die hier zentrale Zahl Sieben zurückgehenden Schema über David bis Josef geführt wird (Mt 1,1–17), fängt das Lukasevangelium buchstäblich bei Adam und Eva an (Lk 3,23–38). Auch dieser Stammbaum führt über David, aber die Rückführung auf Adam gibt die theologische Absicht zu erkennen, Jesus als einen Heilsbringer nicht nur für das Volk Israel, sondern für alle Menschen darzustellen.

Diese Genealogien, die Josef und nicht Maria einordnen, stehen in einer merkwürdigen Spannung zur Jungfrauengeburt. Man kann daraus schließen, dass dieser Mythos in einer späteren Redaktionsschicht dazukam. Dafür spräche auch, dass das Johannesevangelium die Jungfrauengeburt nicht erwähnt, obwohl sie sich bruchlos in das johanneische Christusbild einpassen würde.

Für die Einfügungen des Jungfrauenmotivs liegen zwei Erklärungen nahe: zum einen die Erfüllung einer – unkorrekt übersetzten – prophetischen Ankündigung. Bei Jesaja heißt es: »Siehe, eine Jungfrau ist schwanger und wird einen Sohn gebären« (Jes 7,14). Nun steht aber im hebräischen Originaltext nicht »betulah« (Jungfrau), sondern »almah«, was »junge Frau« heißt, aber die Übersetzer der griechischen Septuaginta entschieden sich für »παρθένιος« (jungfräulich). Zum anderen war es eine hellenistische Tradition, große Regenten mit Geburtsmythen zu überhöhen. Alexander der Große beispielsweise galt als Nachfahre von Zeus. Diese Tradition nahm auch der erste flavische Kaiser des Römischen Reiches auf, der im Jahr 69, also zur Zeit der Abfassung des Matthäus- und Lukasevangeliums, den Thron bestieg: Vespasian begründete seinen Herrschaftsanspruch religiös und stilisierte sich als Sohn des Ammon, des ägyptischen Zeus-Äquivalents (vgl. Schnelle 2007b, 343).

Die Jungfrauengeburt ist also eindeutig als legendarisch einzustufen und bringt uns für das Verständnis von Jesus Christus nicht weiter. Im Gegenteil: Dieser Mythos könnte zu der Fehldeutung verleiten, dass Jesus ein Halbgott gewesen ist, also weder ganz Gott noch ganz Mensch. Damit wäre der entscheidende Punkt der göttlichen »Menschwerdung verfehlt, nämlich dass Jesus wurde wie wir« (Bonhoeffer 1933, 163). Außerdem bestärkte diese Legende die irrige Ansicht, »dass die menschliche Sexualität ausgeschlossen werden müsse, um den göttlichen (und damit sündlosen) Ursprung Jesu Christi beschreiben zu können« (Härle 2007, 350). Dabei ist die Sexualität doch genauso ein Geschenk Gottes wie das manchmal damit verbundene Schöpfungswunder.

WAS HAT ES MIT DEN WUNDERTATEN JESU AUF SICH?

Neben der angeblichen Jungfrauengeburt sind die zahlreichen Wundertaten, wie sie uns die vier Evangelien erzählen, eine weitere Hürde für das rationale Erfassen von Jesu Wirken. Allerdings stellt sich diese Hürde nur dann als unüberwindbar dar, wenn man von unserem heutigen Wunderbegriff ausgeht: Wunder als eine faktisch unmögliche Durchbrechung der Naturgesetze. Für die Zeitgenossen Jesu waren Wunder Zeichen des Waltens großer Kräfte, über die man sich *wunderte* und sie mitunter sogar *bewunderte*. Wundertaten gehörten zur Erlebnis- und Traditionswelt des damaligen Judentums, man erwartete sie geradezu von charismatischen Wanderpredigern (vgl. Roloff 2007, 87). Selbst Jesu Gegner zweifelten nicht an seinen außergewöhnlichen Fähigkeiten, vermuteten aber den Grund dafür in einer besonderen Verbindung Jesu zum Teufel (vgl. Mk 3,22).

Die überwiegende Mehrheit von Jesu Wundertaten in den Evangelien sind Dämonenaustreibungen und Heilungen, die bereits in den ältesten Quellen überliefert sind. Dazu kommen Geschenkwunder – die Speisung der 5000, der 4000, der wunderbare Fischzug und die Wandlung von Wasser in Wein –, Rettungswunder – die Beruhigung eines Seesturms – und drei Totenerweckungen. Teilweise wurden dabei außerchristliche Stoffe um- und eingearbeitet, um Jesu Wirken umso mehr zu verklären. Auffällig ist beispielsweise die bis ins Detail gehende Ähnlichkeit der Auferweckung des Jünglings von Naïn (Lk 7,11–17) mit der einem Zeitgenossen Jesu, Appolonios von Tyana, zugeschriebenen Auferweckung einer jungen Braut vor den Toren Roms (vgl. Küng 1974, 223).

Andere Wundergeschichten sind legendarische Weiterbildungen tradierter Erzählungen über Jesu Wirken. Ein plakatives Beispiel dafür ist die Szene bei der Festnahme Jesu, als einer seiner Anhänger dem Knecht des Hohenpriesters mit dem Schwert das rechte Ohr abhaut. So berichtet es das älteste Evangelium nach Markus ohne weitere Kommentierung (Mk 14,47). Für den erzählerische Ausschmückungen liebenden Autor des Lukasevangeliums ist dies die Vorlage für eine Wundertat: »Da sprach Jesus: Lasst ab! Nicht weiter! Und er rührte sein Ohr an und heilte ihn« (Lk 22,51).

Die Schilderungen der beiden spektakulären Totenerweckungen – der erwähnte Jüngling von Naïn (Lk 7,11–17) und der bereits vier Tage tote Lazarus (Joh 11,17–44) – finden sich nur in den späteren Evangelien nach Lukas bzw. Johannes, sind also wohl in nachfolgenden Redaktionen der Überlieferung dazugekommen. Die dritte Totenerweckung Jesu, die der Tochter des Synagogenvorstehers Jaïrus, von der Markus berichtet (Mk 5,21–43), lässt sich auch als Heilung einer Scheintoten lesen. Jesus selbst sagt von ihr: »Das Kind ist nicht gestorben, es schläft« (Mk 5,39).

Bei allen legendenhaften Erweiterungen – die Dämonenaustreibungen und die Heilungen werden schon wegen ihrer Mehrfachbezeugungen einen wahren Kern haben. Aus unserer heutigen Sicht sind die Exorzismen auch als Heilungen zu sehen, denn die betroffen, als »besessen« bezeichneten Menschen waren psychisch Kranke mit auffälligen Symptomen wie zum Beispiel einem schäumenden Mund (vgl. Mk 9,20). Man erklärte sich das damals – wie viele andere Krankheiten auch – als ein Wirken von Dämonen. Jesus lässt sich nicht auf die Ebene des Dämonenglaubens herab, sondern heilt die Kranken ganz ohne magische Rituale durch persönliche Zuwendung und Anteilnahme. Insofern sind gerade seine als Exorzismen verstandenen Taten entmythologisierend zu sehen: Sie befreien die Menschen faktisch und symbolisch von ihrem Glauben an die fremdbestimmende Kraft der Dämonen.

Bei den Heilungswundern ist stets der Glaube der Geheilten entscheidend. »Dein Glaube hat dir geholfen«, heißt es mehr als einmal im Neuen Testament (z. B. Mk 5,34; Mt 8,13). Ironischerweise versöhnt genau dieser Aspekt die Heilungen mit der modernen Medizin, die den wissenschaftlich nachgewiesenen Placebo-Effekt ganz bewusst nutzt. Da, wo der Glaube fehlt, kann Jesus nichts ausrichten: In seiner Heimatstadt Nazaret, wo er kaum Anhänger fand (Mk 6,6), konnte er laut Evangeliumsbericht »nicht eine einzige Tat tun« (Mk 6,5).

Das führt uns zu der theologischen Bedeutung der Wundertaten. Sie zeigen zeichenhaft das Wirksamwerden der Gottesherrschaft: Das »Reich Gottes« realisiert sich in dem Maße, wie die Menschen daran glauben. In diesem Sinn ist auch das Wort Jesu zu verstehen: »Wenn ich aber mit Gottes Finger die bösen Geister austreibe, so ist ja das Reich Gottes zu euch gekommen« (Lk 11,20).

Dennoch hat Jesus der Versuchung widerstanden, seinen Ruf als Wundertäter im Volk bewusst zur weiteren Verbreitung seiner Botschaft auszunutzen. Nach vielen Heilungen bat er die Betroffenen um Diskretion (z. B. Mk 1,44; 7,36; 8,26). In der Geschichte von den drei Versuchungen in der Wüste lehnt Jesus entschieden den teuflischen Vorschlag ab, sich von der Zinne des Jerusalemer Tempels zu stürzen und dann aus seiner Unversehrtheit Kapital zu schlagen (Mt 4,5–7). Und als ihn die Schriftgelehrten und Pharisäer um ein Zeichen bitten, dass er der Messias sei, wirft Jesus ihnen einen »bösen Geist« vor (Mt 12,38).

Das heißt umgekehrt: Der Glaube an die Wundererzählungen aus den Evangelien ist nicht zwingender Bestandteil einer christlichen Orientierung. Jesus selbst verstand seine zeichenhaften Taten nicht als Kern seines Wirkens. Bis jetzt scheint es also noch keine große Herausforderung für den Verstand zu sein, dem Nazarener gedanklich nachzufolgen. Allerdings erwartet uns jetzt mit den Geschehnissen nach jenem 14. Nisan, an dem Jesus gekreuzigt wurde, ein nicht einfacher und steiler Anstieg, dem wir uns schrittweise nähern.

WAS DARF VON DEN BIBLISCHEN ERZÄHLUNGEN ÜBER DIE ZEIT VON DER KREUZIGUNG BIS PFINGSTEN ALS HISTORISCH GELTEN?

Nach dem vermutlich ältesten Passions- und Osterbericht aus dem Markus-evangelium wurde Jesus nach seinem Tod von Josef von Arimathäa mit Pilatus' Erlaubnis vom Kreuz genommen und in ein Felsgrab gelegt (Mk 15,43–46). Möglicherweise war dieser Josef Sadduzäer und sogar Mitglied des Hohen Rates (Lk 23,49–51), in jedem Fall aber ein reicher Jude, der mit Jesus heimlich sympathisierte und ihn gemäß den mosaischen Vorschriften vor Mitternacht beerdigen wollte (Dtn 21,22f.). Die Römer pflegten ihre Gekreuzigten zur weiteren Abschreckung mehrere Tage hängen zu lassen. Als Zeuginnen für die Grablegung nennt uns der Evangelist Maria aus Magdala und Maria, die Mutter von Jesus (Mk 15,47 in Verbindung mit Mk 6,3). Die gleichen beiden Zeuginnen und eine Frau namens Salome wollten, so der Markus-Bericht, am ersten auf den Sabbat folgenden Tag den Leichnam nach jüdischem Brauch einbalsamieren – und fanden das Grab leer.

Die übrigen Evangelien stimmen mit Markus überein in der Entdeckung des leeren Grabes durch Frauen. Bei Lukas bleiben sie namenlos, Matthäus nennt ebenfalls die beiden Marien, Johannes nur die Maria aus Magdala. Die männlichen Anhänger Jesu, die im Gegensatz zu den Frauen Verfolgung befürchten mussten (vgl. Roloff 2007, 113), waren Richtung Galiläa geflüchtet. Die weiteren Details sind so unterschiedlich, dass sich kein gemeinsamer Nenner finden lässt. Bei Markus schweigen die entsetzten Frauen über ihre Entdeckung, bei Matthäus und Lukas eilen sie gleich zu den Jüngern, um ihnen ihre Beobachtung zu erzählen (Mk 16,8; Mt 28,8; Lk 24,9).

Erst recht unterscheiden sich die Berichte in der Frage, wem der aufer-standene Jesus wann und wo erscheint. Die meisten Augenzeugen – über

500 – beziffert Paulus im ersten Korintherbrief (1 Kor 15,5–8), dem ältesten Zeugnis über die Geschehnisse. Bei Markus sind es Maria aus Magdala, zwei unbenannte Anhänger Jesu und die elf Jünger (ohne Judas), bei Matthäus zusätzlich die andere Maria. Als Orte der Erscheinungen werden Jerusalem, Bethanien, Galiläa, ein nicht weiter bezeichneter Berg dort und der See Gennesaret genannt. Die Dauer der Erscheinungen variieren von einer Episode (Markus und Matthäus) über einen Zeitraum von mindestens acht Tagen (Johannes) bis zu den 40 Tagen, die der Autor des Lukasevangeliums in seiner Apostelgeschichte nennt (Apg 1,3).

In diesem lukanischen Doppelwerk wird das nachösterliche Geschehen am weitesten zeitlich gestreckt und erzählerisch ausgeschmückt. Das Ende von Jesu Wirken auf der Erde ist hier eine für die Jünger sichtbare »Himmelfahrt« (Apg 1,9f.). Die Gabe des Heiligen Geistes, die im Johannesevangelium der Auferstandene bei seiner ersten Erscheinung den Jüngern spendet (Joh 20,22), empfangen sie laut Apostelgeschichte erst zehn Tage nach der Himmelfahrt, als sie sich zum jüdischen Wochenfest Schawuot versammeln (Apg 2). Auf diese Darstellung geht auch das uns seit dem 5. Jahrhundert bekannte Kirchenjahr mit Himmelfahrt 40 Tage nach dem Osterfest und Pfingsten nach weiteren zehn Tagen zurück (vgl. Küng 1974, 344f.) – wäre es nach den anderen Evangelien gegangen, hätten wir zwei Feiertage weniger.

Was können wir aus diesen unterschiedlichen Verarbeitungen lernen? Erstens: Es hat viele Quellen gegeben, die von Begegnungen mit dem Auferstandenen berichteten. Zweitens: Die Quellen dürften nicht völlig unglaubwürdig gewesen sein, denn ansonsten wäre die Strahlkraft des Jesus von Nazaret genauso schnell verblasst wie die von Johannes dem Täufer (vgl. Frey, 46). Drittens: Die Zeugnisse müssen eine so starke Wirkung entfaltet haben, dass sich die Anhänger Jesu kurz nach ihrer Flucht nach Galiläa wieder in Jerusalem versammelten und dort eine erste Gemeinde gründeten.

Folgt daraus die Historizität von leerem Grab und einem plötzlich lebendig gewordenen Leib, der wenige Stunden vorher noch am Kreuz hing? Sicher nicht – man kann sich das Ostergeschehen auch ohne supranaturalistische Ereignisse vorstellen. Von einer leiblichen Auferstehung berichten selbst die Evangelien nichts. Die Geschichte vom leeren Grab darf man getrost als legendarisch werten. Ein solches Vorkommnis wäre mit Sicherheit auch in nicht-christlichen Texten überliefert. Aber das ist nicht der Fall. »Es gab«, resümiert Hans Küng die äußeren Umstände der Auferstehung, »nichts zu fotografieren« (Küng 1974, 339).

Die Geschichte der »mit Blindheit geschlagenen« Emmaus-Jünger, die den Auferstandenen erst erkennen, als er beim gemeinsamen Mahl das Brot mit ihnen bricht, zeigt, dass es auf das Äußerliche nicht ankam (Lk 24,13–31). Wenn wir Gott als die alles bestimmende Wirklichkeit denken, brauchen wir die körperliche Einheit von vor- und nachösterlichem Jesus gar nicht zur Erklärung. Es geht nicht um ein Ereignis im menschlichen Raum und in der menschlichen Zeit, sondern um ein göttliches Wirken. Zu glauben ist demnach »nur«, dass es in der Macht Gottes stand, seine menschgewordene Selbstoffenbarung nach der Kreuzigung erneut den Anhängern Jesu so erscheinen zu lassen, dass sie es sich nicht anders als eine objektive Auferstehung erklären konnten. Gott gab ein Zeichen, das als Wunder aufgefasst wurde – und dazu führte, dass die nach der Kreuzigung zunächst völlig verunsicherten Anhänger Jesu neuen Mut fassten und seine Heilsbotschaft allen Menschen zu verkünden begannen.

WAS SOLLEN MIR JESU TOD UND DAS OSTERGESCHEHEN HEUTE SAGEN?

Wenn wir Jesus als Selbstoffenbarung Gottes auffassen, kann die Kreuzigung kein Unfall im geschichtlichen Ablauf gewesen sein. Sie muss, zusammen mit der Auferstehung, eine Funktion innerhalb der Heilsbotschaft haben. Die Frage nach dieser Funktion ist die Mitte des christlichen Glaubens. Umso erstaunlicher mag es zunächst erscheinen, dass es darauf keine unter Christen allgemein akzeptierte Antwort gibt. Die Frage wurde bereits im Urchristentum unterschiedlich beantwortet und wird bis heute kontrovers diskutiert (für einen Überblick vgl. insbesondere Frey/Schröter).

Die Begegnung mit dem Auferstandenen bzw. die Zeugnisse davon trösteten die Anhänger Jesu zwar über die Tatsache seines schändlichen Todes hinweg und bestärkten sie in ihrer Nachfolge. Aber umso dringlicher wurde nun die Aufgabe, die Hinrichtung des Messias zu erklären. Für die Griechen und Römer war die Vorstellung von einem zugleich göttlichen und menschlichen Mittlerwesen durchaus mit eigenen Überlieferungen in Einklang zu bringen, aber die Kreuzigung eines Gottessohns war für sie genauso eine Zumutung wie für die Juden.

»Wir … predigen den gekreuzigten Christus, den Juden ein Ärgernis und den Griechen eine Torheit« (1 Kor 1,23), schrieb Paulus, der in seinen Briefen die intensivste neutestamentliche Auseinandersetzung mit diesem Problem bietet. Für Paulus hat Jesus stellvertretend für uns die Schuld unserer Sünden auf sich genommen und durch seinen Tod gesühnt. Mit der Auferweckung Jesu zeigt Gott, dass er das Opfer angenommen und die Sünden vergeben hat. An dieser neuen Gerechtigkeit vor Gott hat jeder Anteil, der an Jesus Christus glaubt (vgl. Röm 3,22–26).

So schwer verständlich diese Erklärung heute sein mag, so erfolgreich war sie in der Missionsarbeit des Paulus. Sie benutzt Begriffe des verbreiteten und auch unter Heiden bekannten jüdischen Opferkults mit Tieren – »Schuld«, »Opfer«, »stellvertretender Tod«, »Sühne«. Mit der metaphorischen Übertragung eines an sich unerklärlichen Sachverhalts in einen allgemein akzeptierten Zusammenhang schafft Paulus eine Sinnstiftung, die für seine Zeit gut funktionierte (vgl. Zimmermann, 356f.).

Bis in die Gegenwart bestimmend wurde die sogenannte »Satisfaktionstheorie« des Theologen Anselm von Canterbury aus dem 11. Jahrhundert. Danach ist der freiwillige Tod des in seinem Menschsein sündenfrei gebliebenen Gottessohnes die einzige Möglichkeit, die durch die zahlreichen Sünden der Menschen verletzte Schöpferehre Gottes wiederherzustellen. Jesus hat uns Menschen mit seinem Tod gewissermaßen einen Blankoscheck ausgestellt, mit dem wir unsere Schulden vor Gott bezahlen und mit ihm versöhnt sein können. Diese Vorstellung prägt heute noch die Katechismen der Kirchen.

Und doch ist sie aus mindestens drei Gründen problematisch (vgl. zum Folgenden Härle 2007, 321–324). Zum einen ist zu fragen, wieso ein göttliches Opfer uns mit Gott versöhnen kann. Ein Opfer als Akt der Sühne oder eine Wiedergutmachung muss vom Schuldigen, also von uns ausgehen. Wird es vom Schuldner anerkannt, sind beide Parteien versöhnt. Eine vom Schuldner, vom Geschädigten selbst ausgehende Versöhnung könnte nur in einer Vergebung der Schulden bestehen. Wie ist hier der sühnende Opfertod Jesu einzuordnen? Anselm von Canterbury würde darauf antworten, dass Gott zwar der Vergebende ist, dies aber nur tun könne, wenn durch die Bezahlung der menschlichen Schuld – durch wen auch immer – die Weltordnung wiederhergestellt sei. Dann allerdings wäre die Weltordnung mächtiger als Gott, denn sie zwänge ihn, seinen Sohn zu opfern. Gott wäre mithin nicht mehr die alles bestimmende Wirklichkeit.

Der zweite Einwand betrifft das Konzept der Stellvertretung: Nach unserem modernen Verständnis des Menschen und der Menschenwürde seit der Aufklärung sind die Verantwortung für das eigene Handeln und die persönliche Schuld Kategorien, die unter keinen Umständen auf eine andere Person übertragen werden können. Die Schuld, schrieb der Philosoph Immanuel Kant, die wir uns durch Sünden aufladen, kann »nicht von einem andern getilgt werden; denn sie ist keine transmissible Verbindlichkeit, die etwa, wie eine Geldschuld (bei der es dem Gläubiger einerlei ist, ob der Schuldner selbst oder ein anderer für ihn bezahlt), auf einen anderen übertragen werden kann, sondern die allerpersönlichste …, die nur der Strafbare, nicht der Unschuldige … übernehmen kann« (Kant 1794, 726 f.). Kant gestand der Idee der stellvertretenden Sühne Jesu nur die psychologische Funktion zu, dass die Glaubenden dadurch in ihrer Hoffnung bestärkt werden, angesichts ihrer Sündenschuld überhaupt vor Gott bestehen zu können.

Das dritte und gravierendste Problem der Satisfaktionstheorie ist der Widerspruch zu der Ethik im Neuen Testament. An vielen Stellen finden wir in den Evangelien und den paulinischen Briefen die Aufforderung, auch ohne Sühne oder Wiedergutmachung zu vergeben (z. B. Mt 6,14f.; Lk 17,4; Eph 4,32). Sollte Gott etwas von uns verlangen, was er selbst nicht leisten kann? Natürlich nicht. In der Bergpredigt begründet die vergebende Güte Gottes ausdrücklich das Gebot der Feindesliebe: »Liebt eure Feinde und bittet für die, die euch verfolgen, damit ihr Kinder seid eures Vaters im Himmel. Denn er lässt seine Sonne aufgehen über Böse und Gute und lässt regnen über Gerechte und Ungerechte« (Mt 5,45f.). Die Gnade der Sündenvergebung praktiziert Jesus selbst ja auch schon vor dem Kreuzestod mehrere Male (z. B. Mt 9,2; Lk 7,47 f.).

Was also bleibt vom Ostergeschehen? Wenn man die Betrachtung befreit von allzu menschlichen Vorstellungen von Schuld und Sühne, rücken zwei ganz starke Aspekte in den Blick. Da ist zunächst der subjektive Aspekt, dass Gott selbst im größten Leiden mit uns ist. Jesus litt am Kreuz mehr als jeder andere Mensch zuvor: Er war nicht nur von seinen Anhängern verlassen, von seinen Gegnern verspottet und gefoltert, sondern wähnte sich sogar von Gott selbst verlassen. Er, der als Mensch die größte Gottesnähe erfahren und verkündet hatte, starb nach mosaischer Auffassung den Tod der von Gott Verfluchten (vgl. Dtn 21,22f.) und rief nach dem ältesten Passionsbericht den erschütternden Satz aus einem Klage-Psalm (Ps 22,2): »Mein Gott, mein Gott, warum hast du mich verlassen?« (Mk 15,34). Kurz darauf, so heißt es im Markusevangelium weiter, schrie Jesus laut und verschied. Wie wir uns diesen Schrei vorzustellen haben, zeigt Mk 15,39: »Der Hauptmann aber, der dabeistand, ihm gegenüber, und sah, dass er so verschied, sprach: Wahrlich, dieser Mensch ist Gottes Sohn gewesen!« Ein schmählicherer, quälenderer, entwürdigenderer Tod war damals nicht vorstellbar. Umso tröstender die Botschaft der Auferstehung: Gott war auch hier zugegen und zeigte, dass er »aus allem, auch aus dem Bösesten, Gutes entstehen lassen kann und will«, wie es Dietrich Bonhoeffer in seinem Glaubensbekenntnis formuliert hat (Bonhoeffer 1942, 222).

Der objektive Aspekt des Ostergeschehens ist die Demonstration der denkbar größten Liebestat: der Lebenshingabe für andere. Jesu ganzes Leben war bereits Hingabe – er trat ein für die Unterdrückten, Schwachen, Ausgestoßenen, Ungerechten. Er opferte ihnen seine Zeit, seine Zuwendung und sein Renommee. Seine wehrlose Hingabe an seine Gegner krönte dieses Wirken mit einem einzigartigen Beweis von Feindesliebe. In diesem Verständnis ist die Hingabe »für andere« nicht als eine stellvertretende Sühne, sondern als eine bedingungslose Zuwendung zu allen Menschen zu verstehen (vgl. dazu auch B. Janowski, 97–99). In seiner Abschiedsrede an die Jünger sagt Jesus laut Johannesevangelium:

»Das ist mein Gebot, dass ihr euch untereinander liebt, wie ich euch liebe. Niemand hat größere Liebe als die, dass er sein Leben lässt für seine Freunde« (Joh 15,12f.).

So verstanden ist das Kreuz »die äußerste Radikalisierung der bedingungslosen Liebe Gottes« (Ratzinger 2011, 143). Damit ist die Fülle der Deutungsmöglichkeiten von Jesu Tod und Auferstehung keineswegs erschöpft. Aber möglicherweise sind die beiden zuletzt genannten Aspekte die eindringlichsten für uns heute. Dass es für alle Zeiten und für alle Menschen bislang Botschaften, Deutungen, möglich machte, zeigt die Größe dieses göttlichen Zeichens.

WOZU BRAUCHT MAN NOCH DEN »HEILIGEN GEIST«?

Das Wort »Geist« weckt im Deutschen ganz und gar unheilige Konnotationen, die einem intuitiven Erfassen des Heiligen Geistes entgegenstehen. Haben wir es hier mit einem Gespenst zu tun? Oder vielleicht mit einem Hirngespinst, das sich beim Genuss von zu viel hochgeistigen Getränken zeigt? Die Rückbesinnung auf die hebräische oder griechische Entsprechung – »ruach« bzw. »πνεῦμα« – bringt uns in der Sache weiter: Beide Worte meinen ursprünglich Hauch, Luftstrom, Atem.

Für die Übertragung auf den Begriff des Heiligen Geistes sind dabei drei Bedeutungselemente wichtig:

1. Geist ist etwas für uns tatsächlich Spür- und Erfahrbares.
2. Geist ist immer in Bewegung.
3. Geist macht lebendig.

In dieser Form begegnet uns der Geist Gottes schon gleich am Anfang der Bibel, wo er »auf dem Wasser schwebt« und die Schöpfung begleitet (Gen 1,2). In der zweiten Schöpfungsgeschichte der Bibel bläst Gott dem aus Erde vom Acker geformten Menschen »den Odem des Lebens in seine Nase«, worauf dieser lebendig wird (Gen 2,7).

Diese Erfahrbarkeit Gottes ist die entscheidende Bedeutung des »Heiligen Geistes«: Der Begriff benennt die Kräfte, die Gott in uns wirken lässt. Er lässt uns erkennen und bekennen, glauben und handeln, lieben und leben. Man könnte das wahrscheinlich auch ohne Zuhilfenahme des Begriffs aussagen und erklären, indem man allein von Gott als dem Subjekt dieses Wirkens spräche. Aber der »Heilige Geist« erleichtert uns das Reden über Gott. Er ist eine abstrakte Begriffsbildung, aber er meint etwas ganz Konkretes: das Geschenk Gottes an die Menschen – die Teilhabe an Wahrheit, Liebe und Leben.

Wenn wir Gott und damit dem Heiligen Geist in uns Raum geben, wird unsere Wirklichkeitserfahrung erweitert: Wir sehen unser Leben, unsere Mitmenschen, die Schöpfung in einem neuen Sinnzusammenhang. So verstanden, ist »der Geist die Wahrheit« (1 Joh 5,6). Der Geist ist darüber hinaus die Liebe, weil er als Geschenk Gottes dessen Wesen trägt. Das meint Paulus, wenn er an die Römer schreibt: »… denn die Liebe Gottes ist ausgegossen in unsre Herzen durch den heiligen Geist« (Röm 5,5). Diese Liebe verbindet uns mit Gott und den anderen Menschen – auf diese Weise ist der Heilige Geist auch gemeinschaftsstiftend.

Wenn der Heilige Geist uns erfüllt, wir also quasi be*geist*ert sind, kommen die von Gott in uns angelegten Begabungen zu voller Blüte. Insofern ist der Heilige Geist »ein Werkzeug Gottes und macht Menschen zu Werkzeugen Gottes« (Brummer u. a., 574). Die Bibel – Altes wie Neues Testament – ist voll von Beispielen, in denen Menschen durch den Geist Gottes zu außergewöhnlichen Taten motiviert wurden, zum Teil zu ihrem eigenen Erstaunen.[12]

Und schließlich gibt uns der Heilige Geist die Gewissheit, dass ein christlich verstandenes Leben »durch die Macht der Sünde und des Todes nicht zerstört werden kann« (Härle 2007, 370). Dazu nochmals Paulus: »Wer auf sein Fleisch sät, der wird von dem Fleisch das Verderben ernten; wer aber auf den Geist sät, der wird von dem Geist das ewige Leben ernten« (Gal 6,8).

---

12. Zum Beispiel Bileam in Num 24,14–24, Gideon in Ri 6,34–38, Jeftah in Ri 11,29–33, Simson in Ri 14,5f., David in 1 Sam 16,13 und die zwölf Apostel in Apg 2,1–4.

VERPFLEGUNGSSTATION 3

DER BIBLISCHE BRIEF
AN DIE LÄUFER

Die Hälfte des Marathons liegt hinter uns – was immer auch heißt: Die Hälfte liegt vor uns. Da wir schon recht weit in christliches Glaubensterrain vorgestoßen sind, können wir uns darin ja mal nach Unterstützung für den weiteren Weg umschauen. Tatsächlich gibt es eine biblische Schrift, durch die der Geist des Ausdauersports weht. Sie ist in vieler Hinsicht das rätselhafteste Buch des Neuen Testaments. Verfasser, Adressaten, Abfassungsort – zu keiner dieser Fragen gibt es eine überzeugende Hypothese, nur viele Spekulationen. Der Text ist der einzige im Neuen Testament, für den sogar eine Frau als Autorin mit guten Gründen erwogen werden kann (vgl. Berger/Nord, 182). Die Schätzungen seiner Entstehungszeit reichen von 56 (ebd.) bis 90 n. Chr. (Schnelle 2007a, 410). Auch stilistisch fällt die Schrift aus dem Rahmen. Sie hat einen ungewöhnlich reichen Wortschatz, ist in exzellentem Griechisch formuliert und enthält trotz ihrer Kürze ca. 115 Zitate aus oder Anspielungen auf das Alte Testament (Schnelle 2007a, 414).

Es geht um den Hebräerbrief, dessen Titel allerdings eine sekundäre Erfindung ist und nichts mit dem Inhalt zu tun hat. Die vielen offenen Fragen zu dieser Schrift führten dazu, dass sie ziemlich weit hinten im neutestamentlichen Kanon gelandet ist. Wie die Theologie des Hebräerbriefes adäquat zu interpretieren sei, darüber entzündeten sich leidenschaftliche theologische Debatten. Doch darum soll es hier nicht gehen. Uns interessiert hier nur das Motiv vom »wandernden Gottesvolk«, das der Theologe Ernst Käsemann als das Grundmotiv des Textes identifizierte (Käsemann, 156; vgl. dazu auch Margot Käßmann im Anhang A).

Wie das biblische Volk Israel nach dem Auszug aus Ägypten befindet sich die Gemeinschaft der an Christus Glaubenden in einer ständigen Bewegung, die erst am endzeitlichen Ziel, in der »göttlichen Stadt« (Hebr 11,10), zum Stillstand kommt: »Denn wir, die wir glauben, gehen ein in die Ruhe« (Hebr 4,3). Wir verdienen uns diese im Wortsinn himmlische Ruhe mit unserem bewegten Leben, so wie sich Gott die Ruhe nach sechs Tagen Schöpfung gegönnt hat: »Denn wer zu Gottes Ruhe gekommen ist, der ruht auch von seinen Werken so wie Gott von den seinen. So lasst uns nun bemüht sein, zu dieser Ruhe zu kommen« (Hebr 4,10f.). Ihr Ort liegt in einer verheißenen neuen Wirklichkeit: »Denn wir haben hier keine bleibende Stadt, sondern die zukünftige suchen wir« (Hebr 13,14). Der Weg dorthin erfordert noch viel Ausdauer, Geduld und Kraft:

> »... lasst uns ablegen alles, was uns beschwert, und die Sünde, die uns ständig umstrickt, und lasst uns laufen mit Geduld in dem Kampf, der uns bestimmt ist ... Darum stärkt die müden Hände und die wankenden Knie und macht sichere Schritte mit euren Füßen, damit nicht jemand strauchle wie ein Lahmer, sondern vielmehr gesund werde« (Hebr 12,1.12f.).

Der Glaube gibt den Wandernden zugleich Orientierung für den Weg und Energie für die Anstrengung. Dabei lässt der Hebräerbrief das Objekt des Glaubens weitgehend im Ungewissen, er versteht ihn eher als eine ethische Tugend (vgl. Schnelle 2007b, 604) und liefert die wohl präziseste und klügste Definition des Glaubens im Neuen Testament:

> »Glauben besteht darin, dass ein Stück des Erhofften als geheime Kraft schon wirklich ist. Der Glaube ist selbst der Beweis für das, was man nicht sehen kann« (Hebr 11,1).[13]

Marathonläufer auf den ersten Kilometern nach dem Start können sich in diese Sichtweise gut hineinfühlen: Wer an dem Gelingen seines Vorhabens zweifelt, der wird die kommende Herausforderung nicht bestehen. Wer aber zuversichtlich ist und begründet hofft, dass sich sein Training auch auszahlen wird, der kann der Anstrengung gelassen entgegensehen.

---

13. Zitiert nach der schönen Übersetzung von Berger/Nord, 198. Bei Luther heißt es: »Es ist aber der Glaube eine feste Zuversicht auf das, was man hofft, und ein Nichtzweifeln an dem, was man nicht sieht.«

Als Läufer kann ich mir die Metapher vom wandernden, sich dauernd in Bewegung befindenden Gottesvolk besonders plastisch vorstellen. Bei den großen City-Marathons, in denen man über die gesamte Strecke nie alleine läuft, spürt man, wie das gemeinsame Ziel zusammenschweißt. Auch wenn man kaum Worte miteinander wechselt, ist man seinen unmittelbaren Mitläufern in Freud und Leid doch sehr verbunden. Da gibt es die frühen Abschnitte, auf denen viel gescherzt, gelacht und den Zuschauern applaudiert wird, da gibt es aber auch die Abschnitte, auf denen alle ganz still sind und man nur Stöhnen und Schnaufen hört. Die Gesichter der unbekannten Mitläufer sieht man oft erst dann, wenn man sich nach der Ziellinie in den Armen liegt und es genießt, nicht mehr laufen zu müssen. Wenn man sich von diesem erhabenen Gefühl noch die muskuläre Erschöpfung wegdenkt, dann kann man sie erahnen: die himmlische Ruhe, die der Verfasser des Hebräerbriefs als Ziel vor Augen hatte.

WIE IST DIE DREIEINIGKEIT GOTTES ZU VERSTEHEN?

Jetzt haben wir Gott, Christus und den Heiligen Geist. Sind das nun drei Götter? Oder bekommt man alle drei unter einen Hut? Dieses Problem hat die Kirchenväter über viele Jahrhunderte intensiv beschäftigt und zu für Laien nur schwer verständlichen Trinitätstheorien geführt (»Trinität« von lateinisch »tres« und »unitas«, »drei« und »Einheit«). Den Monotheismus wollte man dabei unbedingt retten, um nicht gegen das erste Gebot zu verstoßen: »Ich bin der Herr, dein Gott ... Du sollst keine anderen Götter neben mir haben« (Ex 20,2f.). Andererseits bietet das Neue Testament selbst kaum Ansatzpunkte, wie die drei Begriffe Gott, Gottessohn und Heiliger Geist unter Wahrung des Monotheismus zusammengebracht werden können.

Wenn sie zusammen vorkommen, stehen sie als Reihung nebeneinander (wie in Mt 28,19 und 2 Kor 13,13; die einzige Ausnahme ist Joh 15,26). Hier war von den frühen christlichen Dogmatikern also wirklich theologische Schwerstarbeit zu leisten. Weiter verkompliziert wurde die Aufgabe durch den philosophischen Hintergrund der Kirchenväter: Der war in der Regel vom Neuplatonismus geprägt und vermutete hinter allen Begriffen Ideen, die eine reale Existenz haben.

Wir müssen es uns aber gar nicht so schwer machen. Denn wir sollten unsere Sprechweise über Gott nicht zu buchstäblich deuten. Unser Denken und Reden über Gott ist viel zu ungenau, als dass wir hinter jedem dafür genutzten Begriff eine exakt entsprechende Wirklichkeit vermuten könnten. Das gilt übrigens nicht nur für Gott. Es ist ein museales Sprachverständnis, wenn wir uns Wörter wie Zettel an den Dingen denken, die sie bezeichnen. Der US-amerikanische Philosoph Willard Van Orman Quine hat dazu ein berühmtes Gedankenexperiment vorgeschlagen: Stellen wir uns einen Linguisten vor, der das Wörterbuch einer bislang unbekannten Sprache schreiben will. Er bemerkt, dass jedes Mal, wenn ein Hase durch die Landschaft läuft, die Fremdsprachler »gavagai« rufen. Es würde nun naheliegen, »gavagai« mit »Hase« zu übersetzen. Die Fremdsprachler könnten aber auch »temporäre Hasenartigkeit« oder »zusammenhängende Hasenteile« meinen. Wir haben keine empirische Möglichkeit, zwischen diesen Alternativen zu entscheiden (Quine, 46). Dasselbe Problem besteht auch zwischen Sprechern der gleichen Sprache: Wir können nicht exakt experimentell überprüfen, ob unser Gegenüber genau die gleiche Bedeutung mit »Hase« verbindet wie wir, selbst wenn er den Begriff auf die gleichen Objekte anwendet.

Wenn wir also noch nicht einmal über Hasen exakt reden können, um wie viel weniger über etwas, was sich unserer unmittelbaren Erfahrungswelt entzieht? Wir hatten schon im Abschnitt 6 festgestellt, dass unsere Sprach- und Denkwerkzeuge auf den uns umgebenden Mesokosmos ganz gut anwendbar sind, aber bei ganz kleinen und ganz großen Phänomenen mitunter zu komischen Resultaten führen. Nun ist das Trinitätsparadox 3=1 jedoch von einer anderen Form als die bereits erwähnte Gleichung $0,\overline{9}=1$, die kontraintuitiv, aber mathematisch einwandfrei ist. Das Trinitätsparadoxon lässt sich einfach auflösen, weil es gar nicht um drei verschiedene Dinge geht, sondern um ein und denselben Gott in drei unterschiedlichen Erscheinungsformen: als Schöpfergott, als Selbstoffenbarung im Menschen Jesus und als

Selbstgabe für die Menschen im Heiligen Geist. Mit den Worten von Hans Küng: »Gott der Vater ›über‹ mir, Jesus als der Sohn und Bruder ›neben‹ mir, Gottes und Jesu Christi Geist ›in‹ mir« (Küng 1974, 467). Die drei Erscheinungsformen beschreiben gleichzeitig die Merkmale jedes göttlichen Wirkens: Es ist immer schöpferisch, offenbarend und inspirierend zugleich.

Das schlichteste Bild dafür fand ich in einem Vortrag des Heidelberger Theologen Wilfried Härle: »Trinität ist also: dreimal auf unterschiedliche Weise derselbe Gott. So ist es ja auch mit dem Wasser. Es ist immer dieselbe Substanz, auch wenn es (uns) einmal flüssig, einmal als festes Eis und einmal als Wasserdampf gasförmig begegnet« (Härle 2009, 10).

WAS ERWARTET GOTT VON MIR?

Bis jetzt haben wir das Verhältnis Mensch – Gott nur aus unserer menschlichen Perspektive betrachtet und sind der Frage nachgegangen, wie und inwieweit Gott unserem Verstand gerecht werden kann. In der verbleibenden knappen zweiten Hälfte der Strecke wollen wir umgekehrt fragen, wie wir denn den möglichen Erwartungen eines christlich verstandenen Gottes gerecht werden. Wir können dabei natürlich nicht die Perspektive Gottes einnehmen. Aber wir können versuchen, aus Jesu Lehre und Wirken Ansatzpunkte für eine Antwort zu gewinnen.

Wir finden auf diese zentrale Frage im Neuen Testament zwei Positionen, die sich nahezu unversöhnlich gegenüberstehen. Die eine Position sagt, dass es auf unsere Taten ankommt, die andere, dass allein unser Glaube zählt. Die Polarität ist verwandt mit der seit Max Weber geläufigen Unterscheidung von Verantwortungs- und Gesinnungsethik: Müssen wir uns bei ethischen Beurteilungen auf die tatsächlichen Handlungsfolgen oder auf die Absicht des Handelnden konzentrieren? Webers Antwort war übrigens, dass man eine Balance zwischen beiden Ansätzen zu finden habe. Aber einen solchen Kompromiss sucht man in der Bibel vergebens.

Die – auch für das Alte Testament bestimmende – Überzeugung, dass es auf die Werke des Menschen ankommt, finden wir im Neuen Testament am deutlichsten im Matthäusevangelium und im Brief des Jakobus:

> *»Es werden nicht alle, die zu mir sagen: Herr, Herr!, ins Himmelreich kommen, sondern die den Willen tun meines Vaters im Himmel« (Mt 7,21).*
> *»Was hilft's, liebe Brüder, wenn jemand sagt, er habe den Glauben, und hat doch keine Werke? Kann denn der Glaube ihn selig machen? Wenn ein Bruder oder eine Schwester Mangel hätte an Kleidung und an der täglichen Nahrung und jemand unter euch spräche zu ihnen: Geht hin in Frieden, wärmt euch und sättigt euch!, ihr gäbet ihnen aber nicht, was der Leib nötig hat – was könnte ihnen das helfen? So ist auch der Glaube, wenn er nicht Werke hat, tot in sich selber« (Jak 2,14–17).*

Die Gegenposition vertritt am schärfsten Paulus in seinen Briefen:

> *»Doch weil wir wissen, dass der Mensch durch Werke des Gesetzes nicht gerecht wird, sondern durch den Glauben an Jesus Christus, sind auch wir zum Glauben an Christus Jesus gekommen, damit wir gerecht werden durch den Glauben an Christus und nicht durch Werke des Gesetzes; denn durch Werke des Gesetzes wird kein Mensch gerecht« (Gal 2,16).*
> *»So halten wir nun dafür, dass der Mensch gerecht wird ohne des Gesetzes Werke, allein durch den Glauben« (Röm 3,28).*

Dieser paulinische Ansatz der Rechtfertigung vor Gott wurde bestimmend für die reformatorische Theologie von Martin Luther über Rudolf Bultmann bis in die heutige Zeit. Für Luther war der Jakobusbrief mit seiner Betonung einer einwandfreien Lebensführung ein Fremdkörper im Neuen Testament, er nannte ihn »strohene Epistel« und setzte ihn entgegen der ursprünglichen Reihenfolge in den hintersten Teil des Kanons (vgl. Roloff 1995, 224). Dabei unterscheidet sich das Menschenbild im Jakobusbrief nicht wesentlich von dem des Matthäus- und Lukasevangeliums[14]. Es ist nur schärfer formuliert, wahrscheinlich in polemischer Abgrenzung gegen die dem Autor bekannten Paulusbriefe.

Paulus wiederum ging es bei dieser Frage vor allem um die Abgrenzung vom jüdischen Gesetz, insbesondere der Beschneidungspflicht. Aus dem Brief an die Galater wird deutlich, dass sich einige Gemeindemitglieder quasi vorsichtshalber der Beschneidung unterzogen, um in jedem Fall auch dem alten Gesetz Genüge zu tun. Dagegen wettert der Apostel: »Wenn ihr euch beschneiden lasst, so wird euch Christus nichts nützen … Denn in Christus Jesus gilt weder Beschneidung noch Unbeschnittensein etwas, sondern der Glaube, der durch die Liebe tätig ist« (Gal 5,2.6). Der Glaube gibt uns den Zugang zu Gottes Willen, während das Gesetz – auch das mosaische – im besten Fall nur Gottes Willen in einer bestimmten historischen Situation konserviert: »… ändert euch durch Erneuerung eures Sinnes, damit ihr prüfen könnt, was Gottes Wille ist« (Röm 12,2).

Wir haben es hier also mit einer heftigen Kontroverse zu tun. Um die Positionen dieser für ein christlich orientiertes Leben so wichtigen Unterscheidung aus der Abstraktion und der Historie zu lösen, sei folgendes Bild gestattet: Angenommen, Sie hätten die Wahl zwischen zwei Kindern. Das eine folgt Ihnen aufs Wort, entzieht sich aber kühl Ihrer liebenden Zuwendung. Das andere liebt Sie über alles, tut aber so gut wie nie das, was es soll. Welches Kind würden Sie lieber bei sich aufnehmen? Wäre Ihnen der Gehorsam wichtiger oder die Zuneigung? – Ich nehme an, dass die meisten die Situation mit dem zweiten Kind vorziehen würden, schon aus der Überlegung heraus, dass Disziplin einfacher als Liebe zu vermitteln ist.

Ähnlich argumentieren Luther und Paulus in Bezug auf Gottes Erwartung an uns. Sie gehen dabei sogar noch ein Stück weiter: Erst die Liebe Gottes versetzt uns überhaupt in die Lage, aus ganzem Herzen dem Willen Gottes zu folgen. Wer mit der bloßen Erfüllung des Gesetzes bereits glaubt, Gott gerecht geworden zu sein, ist in Wahrheit nur selbstgerecht. Wenn wir uns aber ganz auf die bestimmende Kraft seiner Liebe einlassen, werden wir »mit innerer Notwendigkeit den Willen Gottes tun« (Härle 2007, 531). Der Glaube an Gott macht uns zu einem neuen Menschen, der das Gesetz für seine Handlungsentscheidungen gar nicht mehr braucht. Im Gegenteil, die Orientierung an dem Gesetz könnte ihn womöglich davon abhalten, den

---

14. Zu Lukas' Auffassung des Menschen als eines veränderbaren statt heilsbedürftigen Wesens, als »corrigendus« statt »salvandus«, vgl. Theißen 2010, 78.

aus seinem Glauben resultierenden Beweggründen zu folgen. Oder es verleitet ihn zu dem Irrglauben, nur durch das gesetzestreue Verhalten lebe er schon sündenfrei, sei auf die Gnade Gottes nicht mehr angewiesen, sondern habe sich seine Zuneigung gewissermaßen verdient. Das hätte die absurde Konsequenz, dass Gott dann in der Schuld des Menschen stehen würde. Diese fatale, irreführende Macht des Gesetzes hat für Paulus der durch das Gesetz zum Tod verurteilte Jesus mit seinem Sterben und seiner Auferstehung für alle Gläubigen gebrochen. So ist die hochverdichtete Aussage im Galaterbrief zu verstehen:

> *»Denn ich bin durchs Gesetz dem Gesetz gestorben, damit ich Gott lebe. Ich bin mit Christus gekreuzigt. Ich lebe, doch nun nicht ich, sondern Christus lebt in mir ... Ich werfe nicht weg die Gnade Gottes, denn wenn die Gerechtigkeit durch das Gesetz kommt, so ist Christus vergeblich gestorben«* (Gal 2,19–21).

Das bedeutet nun nicht, dass im paulinischen Verständnis unser Handeln vor Gott keine Rolle spielt (vgl. vor allem Röm 6). Aber Paulus vertraut darauf, dass uns der Glaube als Vertrauen auf Gottes bedingungslose Liebe, die er in Jesus Christus gezeigt hat, zu einem neuen Menschen macht, der gar nicht anders kann, als das Gute zu erkennen: »Denn indem ihr nun frei geworden seid von der Sünde, seid ihr Knechte geworden der Gerechtigkeit« (Röm 6,18). Häufig wird das Verhältnis von Glaube und Handeln mit dem Bild des Baums aus dem Matthäusevangelium verglichen: »Nehmt an, ein Baum ist gut, so wird auch seine Frucht gut sein; oder nehmt an, ein Baum ist faul, so wird auch seine Frucht faul sein« (Mt 12,33). Den Baum – den Glaubenden – kann man nun nicht dadurch besser machen, dass man seine Früchte – seine Taten – verbessert. Aber man kann versuchen, den Baum zu verbessern, um gute Früchte zu bekommen (vgl. Härle 2007, 162f.).

Diese paulinisch-lutherische Rechtfertigungslehre ist trotz ihrer nicht einfachen gedanklichen Herleitung von bezwingender Überzeugungskraft, erst recht vor dem geschichtlichen Hintergrund des 20. Jahrhunderts. Gesetzestreues Verhalten, das haben vor allem die beiden deutschen Diktaturen gezeigt, kann Unterdrückung, Leid und größtes Unheil verursachen. Immer dann, wenn nicht der Mensch, sondern ein Prinzip, sei es gut oder schlecht gemeint, Leitfunktion für das menschliche Handeln übernimmt, drohen totalitäre Strukturen. Paulus gründet die Gerechtigkeit – verstanden als Gerechtwerden vor Gott – ganz und gar antitotalitär auf die Gnade und Liebe Gottes.

Können wir es uns mit der Frage nach dem richtigen Verhalten also einfach machen und darauf vertrauen, dass uns der Glaube an Gott schon automatisch zur Einsicht und Umsetzung des Guten führt? Keineswegs. Denn es liegt im Wesen des Menschen, dass er seine Ziele verfehlen und scheitern kann – auch ein Christ, der die Liebe Gottes als Richtschnur seines Lebens gewählt hat. Auch er kann die Erwartungen Gottes verfehlen – entweder, weil er wider besseres Wissen sich nicht für die richtige Handlungsalternative entscheidet, oder weil er sich über Gottes Willen nicht im Klaren ist oder ihn falsch einschätzt und einem Irrtum erliegt. Die moralischen Probleme der Gegenwart sind voller Zweifelsfälle, die nicht mit einem schnellen Blick in die Bibel gelöst werden können. Es macht also durchaus Sinn, ethische Normen aus Jesu Lehre und Wirken herauszulesen – auch wenn deren Einhaltung allein keine Heilsgarantie ist.

Und da ist noch ein weiterer Grund, sich mit christlicher Ethik zu beschäftigen: Der Glaube kommt ja in den seltensten Fällen von allein. Der Weg dorthin führt über Verstehen, Erkennen, Abwägen, Entscheiden. In diesem Prozess ist die mit Jesu Lehre verbundene Ethik eines der stärksten Argumente für das Christentum. Wir werden im nächsten Wegabschnitt sehen, wie radikal und nachsichtig zugleich, wie bezwingend und anspruchsvoll diese Ethik ist.

24 KM

WIE LÄSST SICH AUS DEM CHRISTENTUM EINE ETHIK GEWINNEN?

Die Fragestellung setzt schon voraus, dass sich überhaupt eine Ethik aus Jesu Botschaft gewinnen lässt. Es gibt Exegeten, die das bezweifeln und behaupten, dass seine Aussagen über richtiges Verhalten keine »systematische Reflexion« erkennen lassen, sondern als Äußerungen zu Einzelfällen zu verstehen sind, die nicht aus ihrem Kontext isoliert werden können (so z. B. W. Stegemann, 167). Dem ist entgegenzuhalten, dass sich Jesu Aussagen sehr wohl in eine Struktur einbinden lassen – wie wir sehen werden – und dass seine Erwartung einer grundlegenden Änderung des Menschen im Hinblick auf das Letzte und Endgültige weit über jeden Einzelfall hinausgeht (vgl. Küng 1974, 238).

Als systematischer Ausgangspunkt der Rekonstruktion einer christlichen Ethik bietet sich zwingend das Jesuswort über den höchsten Zweck des menschlichen Lebens an: »Trachtet zuerst nach dem Reich Gottes, so wird euch alles andere hinzugetan« (Mt 6,33). Mit anderen Worten: Macht Gottes Willen zur Richtschnur eures Handelns, dann gebt ihr eurem Leben seine schöpfungsgemäße Bestimmung. Und was ist Gottes Wille? Diese Frage stellt ein Schriftgelehrter Jesus im Markusevangelium in der Form: »Welches ist das vornehmste Gebot von allen?« Und Jesus antwortet darauf mit Bezug auf zwei Tora-Stellen (Dtn 6,5 und Lev 19,18):

> »Höre, Israel, der Herr, unser Gott, ist der Herr allein, und du sollst den Herrn, deinen Gott, lieben von ganzem Herzen, von ganzer Seele, von ganzem Gemüt und von allen deinen Kräften. Das andere ist dies: Du sollst deinen Nächsten lieben wie dich selbst. Es ist kein anderes Gebot größer als diese« (Mk 12,29–31).

Man beachte die feinsinnige Unterscheidung von Gottesliebe einerseits, Nächsten- und Selbstliebe andererseits: Nur Gott als das Wesen der Liebe schlechthin verlangt eine uneingeschränkte, bedingungslose Hingabe. Der Nächste ist »nur« so zu lieben, wie man sich selbst liebt – mit allen Höhen und Tiefen also, denen auch diese Beziehung unterworfen ist.

Die Konsequenzen dieses ethischen Grundprinzips der Liebe werden, wie bereits kurz in Abschnitt 15 angesprochen, am eindringlichsten in der Bergpredigt des Matthäusevangeliums ausgelegt – einer kunstvoll zusammengestellten redaktionellen Sammlung von (überwiegend als authentisch angesehenen) Jesusworten. Hier zeigt sich auch deutlich der Unterschied des Gebots der Nächstenliebe zur Goldenen Regel, mit der es auf den ersten Blick verwandt zu sein scheint. Das Prinzip »Was du nicht willst, das man dir tu', das füg' auch keinem anderen zu«, das auch auf die Bibel zurückgeht (Tob 4,15), ist so etwas wie der gemeinsame Kern aller großen Ethiken. Doch diese Goldene Regel bezieht sich nur auf das erkennbare, äußerliche menschliche Handeln oder Unterlassen. Das Gebot der Nächstenliebe dagegen zielt auf die Gesinnung. Es kann auch dann übertreten werden, wenn der Nächste davon gar nichts merkt.

Aus dem Gebot der Nächstenliebe leitet Jesus in den sogenannten »Antithesen« der Bergpredigt radikale Verschärfungen der mosaischen Gebote ab. Alle Antithesen folgen dem Prinzip: »Ihr habt gehört, dass gesagt ist: …Ich aber sage euch: …« (Mt 5,21–48). Durch Jesu Zusatz wird das alte Gebot nicht aufgehoben, sondern erweitert. Nicht erst der Akt des Tötens macht schuldig, sondern bereits der Zorn, der dahin führen kann. Nicht erst der Ehebruch ist eine Sünde – »wer eine Frau ansieht, sie zu begehren, der hat schon mit ihr die Ehe gebrochen in seinem Herzen« (Mt 5,28). Nicht nur ein falscher Eid ist ein Handeln gegen Gottes Willen, das Schwören generell ist zu unterlassen. Denn die Unterscheidung von beschworenen und unbeschworenen Wahrheiten weicht das – nach Luthers Zählung – achte Gebot auf: »Du sollst nicht falsch Zeugnis reden wider deinen Nächsten« (Ex 20,16). Ein Schwören bei Gott würde darüber hinaus das Gebot verletzen, den Namen des Herrn nicht zu missbrauchen.

Am provokativsten wird Jesu ethische Zuspitzung dort, wo sie gegen unser Gerechtigkeitsempfinden verstößt:

»Ihr habt gehört, dass gesagt ist: ›Auge um Auge, Zahn um Zahn.‹
Ich aber sage euch, dass ihr nicht widerstreben sollt dem Übel, son-

dern: wenn dich jemand auf deine rechte Backe schlägt, dem biete die andere auch dar. Und wenn jemand mit dir rechten will und dir deinen Rock nehmen, dem lass auch den Mantel. Und wenn dich jemand nötigt, eine Meile mitzugehen, so geh mit ihm zwei« (Mt 5,38–40).

Wir sahen bereits in Abschnitt 15, dass hier keiner Unterwürfigkeit, sondern einer den Kreislauf der Gewalt unterbrechenden Würde das Wort geredet wird: Wenn schon auf die Wange schlagen, dann bitte offen mit der Handinnenseite auf die linke und nicht herabwürdigend mit dem Handrücken auf die rechte. Und wenn sich jemand über dich zum Richter erhebt und einen vermeintlichen Rechtsanspruch einlösen will, beschäme ihn mit deiner Großzügigkeit. Das dritte Beispiel bezieht sich auf eine Besonderheit des römischen Besatzungsrechts: Jeder Soldat durfte einen Juden zwingen, sein Marschgepäck für eine Meile zu tragen. Auch hier weist Jesus einen kreativen, wenn auch unbequemen Weg, den scheinbar Mächtigeren zu beschämen.

Der nächste Abschnitt der Bergpredigt fasst Jesu Botschaft in drei Worten zusammen: »Liebet eure Feinde« (Mt 5,44). Damit ist das Gebot der Nächstenliebe unmissverständlich interpretiert: Es gilt für alle Menschen. Jeder kann mir der Nächste sein – so wie auch Gott alle Menschen liebt und »seine Sonne aufgehen (lässt) über Böse und Gute und regnen (lässt) über Gerechte und Ungerechte« (Mt 5,45). Nur die Menschen zu lieben, die einen selber auch lieben, ist schließlich keine Kunst. »Tun dasselbe nicht auch die Zöllner?«, fragt Jesus (Mt 5,46). Feindschaft kann für wahre Liebe keine Grenze sein, allerdings kann wahre Liebe der Feindschaft eine Grenze setzen. Insofern ist Liebe viel stärker als Hass. Ebenso ist der Verzicht auf Vergeltung kein Zeichen von Schwäche, sondern gerade umgekehrt beweist sich darin menschliche Größe.

Unter philosophischem Aspekt hat die zentrale Stellung der Liebe in Jesu Ethik einen großen Vorteil, der sie gegenüber vielen anderen Vorschlägen auszeichnet: In dieser Ethik ist kein Konflikt von Normen möglich. Die Kasuistik fällt denkbar einfach: Mit der Liebe ist für jeden Zweifelsfall ein Orientierungsprinzip gegeben. Dieser Vorzug zeichnet Jesu Ethik deutlich gegenüber der seit dem 20. Jahrhundert bestimmenden ethischen Richtung des Utilitarismus aus, nach der das Wohlergehen, der Nutzen der Menschen zu maximieren ist. Das Problem an diesem Ansatz ist: Eine solche auf Nutzenmaximierung fokussierte Ethik muss durch eine Theorie der Gerechtigkeit ergänzt werden, weil sie sonst zu unakzeptablen Ergebnissen führt, die unseren moralischen Intuitionen widersprechen. Diese Ergänzung erweist sich im Detail als ausgesprochen schwierig, denn entweder droht die Nutzenmaximierung oder die Gerechtigkeit in der Theorie unterzugehen (vgl. dazu Rawls 1979, 40–60).

Aber ist Jesu Ethik nicht auch problematisch, weil sie in ihrer Absolutheit den Menschen überfordert? Welchen Sinn hat eine moralische Messlatte, die meistens gerissen wird? – Dieser Einwand macht es sich zu einfach: Die Stärke einer Ethik zeigt sich nicht darin, dass man ihren moralischen Werturteilen problemlos gerecht werden kann. Eine Ethik ist als Theorie dann stark, wenn sie für möglichst viele Entscheidungssituationen Handlungsempfehlungen gibt. Und das gilt für Jesu Ethik mehr als für jede andere: Das Doppelgebot der Liebe ist immer eine zuverlässige moralische Orientierung für diejenigen, die sich ganz von der Liebe als dem Wesen Gottes bestimmen lassen wollen.

Ein weiterer Aspekt: Zur Liebe gehört auch Vergebung. Natürlich weiß Jesus um unsere Schwächen – und droht deshalb niemandem Höllenqualen an, der sich um das Tun von Gottes Willen bemüht und immer wieder scheitert. Die Vergebung von Schuld hat Jesus selbst vorgelebt und ist im Gebet der Gebete, dem Vaterunser, fest verankert (siehe dazu Abschnitt 33). Auf die Frage des Petrus, ob nicht sieben Vergebungen für das gleiche Vergehen ausreichten, antwortet Jesus: »nicht siebenmal, sondern siebzigmal siebenmal« (Mt 18,22). In Jesu Ethik korrespondiert die Radikalisierung der Normen mit einer Liberalisierung der Sanktionen, also einer Lockerung der Strafen. Sie ist eine Einladung zur grundlegenden Änderung der menschlichen Wertorientierung, respektiert aber das Scheitern daran.

Eine verbreitete Auslegungsrichtung spricht dem Ethos der Bergpredigt seine Alltagstauglichkeit ab. Jesu Forderungen könnten nur auf das kommende »Reich Gottes« bezogen werden und taugten in unserem irdischen Leben allenfalls als unverbindliche Orientierung für den Einzelnen. Sie seien nur vor dem Hintergrund plausibel, dass Jesus fest an das sehr nahe Kommen der neuen Gottesherrschaft glaubte (Mk 9,1: »Wahrlich, ich sage euch: Es stehen einige hier, die werden den Tod nicht schmecken, bis sie sehen das Reich Gottes kommen«). Nur in dieser Interpretation seien auch Jesu Aussagen über die gebotene Sorglosigkeit bei der Sicherung des Lebens, der Beschaffung von Nahrung und Kleidung (Mt 6,25–34), zu verstehen. Wenn man das so sehen will, muss man zu der Konsequenz bereit sein, dass Jesus irren konnte und in diesem Punkt auch tatsächlich irrte (so z. B. Küng 1974, 208f.). Die universale Gottesherrschaft hat sich bis heute nicht verwirklicht. Die Folge dieser Deutung wäre: Wenn Jesus in einem so zentralen Punkt seiner Botschaft geirrt hätte, würde das Gebäude des Christentums einstürzen. Jesus könnte dann nicht die menschliche Selbstoffenbarung der alles bestimmenden Wirklichkeit gewesen sein.

Andere Exegeten entschärfen die Bergpredigt, indem sie ihren Geltungsbereich einengen: So sollen zum Beispiel die Aussagen der Bergpredigt nur für Jesu Jünger gegolten haben (Roloff 2007, 104). Dann fragt sich aber, warum sowohl Matthäus als auch Lukas diese Aussagen in eine öffentliche Redeszene einbinden. Außerdem ist der Gedanke, eine göttliche Botschaft könnte nur an einen bestimmten Kreis adressiert sein, dem Neuen Testament fremd. Die Ablehnung kommt nicht vom Sender, sondern von den Empfängern.

Meines Erachtens wird bei Versuchen, die Bergpredigt zu verharmlosen, dem Christentum das Wesentliche entzogen. Das Ethos der Bergpredigt ist das Ethos der Gottesherrschaft. In dem Maße, in dem wir uns mit diesem Ethos seinen Willen zu eigen machen und danach handeln, verwandeln wir unsere Welt in eine gottgefällige. Es geht darum, wie Margot Käßmann es auf dem ökumenischen Kirchentag 2010 gesagt hat, »im Hier und Jetzt Spuren des Reiches Gottes zu legen« (Käßmann 2010c, 18). Die christliche Ethik ist die größte denkbare moralische Herausforderung für den Menschen. Und dennoch hat er gar keine andere Wahl, als sie anzunehmen, wenn er sein Leben Gott und damit der Liebe gewidmet hat. Die Wegabschnitte 26 bis 30 werden die christliche Ethik noch praxisbezogener beleuchten.

BEDEUTET CHRISTLICHE ETHIK, DASS DIE BIBEL RICHTSCHNUR DES LEBENS SEIN SOLL?

Die Bibel selbst gibt uns den Schlüssel zu ihrem Verständnis: »… der Buchstabe tötet, aber der Geist macht lebendig«, schreibt Paulus an die Korinther (2 Kor 3,6). Der jüdische Religionsphilosoph Pinchas Lapide hat den gleichen Gedanken einmal so zugespitzt: »Es gibt im Grunde nur zwei Arten des Umganges mit der Bibel: man kann sie wörtlich nehmen oder man nimmt sie ernst. Beides zusammen verträgt sich nur schlecht« (Lapide, 18).

Wer die Bibel wörtlich nehmen will, verheddert sich zwangsläufig in Widersprüchen. Er hätte auch erst mal eine ganze Menge zu studieren. Allein die Tora, die fünf Bücher Mose, enthalten nach offizieller jüdischer Zählung so viele Vorschriften, wie das Jahr Tage und der Körper Knochen hat – 365 Verbote plus 248 Gebote, 613 Weisungen ingesamt. Außerdem führt eine eng am Wortlaut orientierte Auslegung der kanonischen Schriften zu Ergebnissen, die für uns heute ganz und gar unakzeptabel sind. Und damit meine ich nicht nur die hochkomplexen Reinheitsvorschriften im Buch Levitikus. So zählt in der Tora beispielsweise das im Mutterleib wachsende Baby nicht als Leben (vgl. Ex 21,22f.). Auch im Neuen Testament finden sich kaum noch nachvollziehbare Weisungen wie die des Paulus, dass ein Mann kurzes Haar tragen soll und eine Frau langes (1 Kor 11,14), oder die Verhaltensvorschriften der Jerusalemer Apostelversammlung, nach der wahrhaft Gottesgläubigen der Verzehr von Blutwurst oder einem nicht durchgebratenen Steak verboten ist (Apg 15,20).

Dass sich aus allen biblischen Schriften zusammen keine homogene Ethik ergeben kann, folgt schon aus der Tatsache, dass darin Quellen aus rund zwölf Jahrhunderten – von dem zehnten vorchristlichen bis zum zweiten nachchristlichen – verarbeitet sind. Die Rekonstruktion dieser Quellentexte und ihrer ungezählten Redaktionsschichten bis zur Kanonisierung der uns heute vertrauten Bibel (um 180) beschäftigt immer noch Historiker und Theologen. Ihre Forschungsergebnisse sind dabei keineswegs eindeutig und widerspruchsfrei.

Wir stehen also vor einem Dilemma: Das naive Wörtlichnehmen der Bibel wäre eine Respektlosigkeit gegenüber dem Text, weil sich dieser Ansatz in Wirklichkeit gar nicht um die vom Autor gemeinte Bedeutung schert. Man fragt dann nicht: »Was kann der Text mir sagen?«, sondern allenfalls: »Was kann ich mit dem Text machen?« So wird Glaube zum Aberglauben. Eine historisch-kritische Exegese auf neuestem Forschungsstand dagegen setzt so viel Studium und Zeit voraus, dass aus der Bibel ein Buch mit sieben Siegeln würde, dem Großteil der Menschen verschlossen.

Wir kommen aus dem Dilemma heraus, wenn wir unsere Ansprüche an die Bibel insgesamt nicht zu hoch ansetzen und uns ihr offen und differenziert nähern. Die Bibel ist weder Gesetz- noch Geschichtsbuch, aber eine Fundgrube von klugen, von spannenden, von poetischen und von theologisch brillanten Texten. Wer seinen persönlichen Zugang zur Bibel finden möchte, sollte zunächst aus diesen vier Erkenntnisinteressen das ihm am nächsten Liegende auswählen. Dann lassen sich dazu die passenden Bücher aus der Bibel finden – und zu diesen wiederum die historisch erklärende und exegetisch weiterführende Literatur (als Übersicht dazu empfehlenswert: Gertz 2008 für das Alte, Schnelle 2007a für das Neue Testament).

Wer sich für die *lebensklugen* Bücher interessiert, dem seien die in der Weisheitstradition stehenden Schriften der Bibel empfohlen: die Sprüche Salomos, das Buch Kohelet (Prediger), das Buch Jesus Sirach, das Buch der Weisheit im Alten Testament und der Jakobusbrief im Neuen. Die Bücher Jesus Sirach und Weisheit gehören für die Protestanten nicht zum biblischen Kanon – sie werden unter den sogenannten Apokryphen geführt, die Luther als »nützlich«, aber nicht als »heilig« galten.

Zu den *spannendsten* Büchern der Bibel zählen die erzählerisch dichte Schrift Genesis mit den Erzväter-Geschichten und das mit vielen Details ausgeschmückte Lukasevangelium (nach dem man vorsichtshalber das schlichtere und ältere Markusevangelium lesen sollte, um vom Legendarischen zum Historischen zurückzufinden). Unter den *poetischen* Werken sind zuallererst die Psalmen zu nennen, die alle menschlichen Grunderfahrungen in einer beeindruckenden Vielfalt beschreiben (siehe auch »Verpflegungsstation 4« auf Seite 109–111), und dann das Hohelied Salomos, das auch für seine eindeutigen erotischen Szenen bekannt ist.

Als *theologisch ergiebigste* Schriften der Bibel gelten die Bücher Hiob und Jesaja im Alten, das Johannesevangelium und die sieben echten Paulusbriefe im Neuen Testament (1 Thes, 1 und 2 Kor, Gal, Röm, Phil, Phlm) – allen voran der Römerbrief, der für reformatorische Theologen von Luther bis Karl Barth prägend wurde.

Wer sich an dieser Vorgehensweise orientiert, wird aus der Bibel einen großen Gewinn ziehen können. Allerdings kann die Beschäftigung mit biblischen Texten auch verstören. Neue Einsichten kollidieren mit alten Überzeugungen, Widersprüche scheinen unerklärbar. In solchen Konflikten empfiehlt sich das hermeneutische Prinzip Luthers, der die Bibel von ihrer Mitte her auszulegen empfahl. Und diese Mitte nannte er »was Christum treibet« – also alles, was durch und mit Jesus Christus geschieht: »Was Christum nicht lehrt, das ist nicht apostolisch, selbst wenn es der heilige Petrus oder der heilige Paulus lehrte. Wiederum, was Christum predigt, ist apostolisch, selbst wenn es Judas, Hannas, Pilatus und Herodes täte« (Luther nach Bornkamm, 216f.). So steht in der Mitte der Bibel die Selbstoffenbarung Gottes. Mit diesem Auslegungsschlüssel öffnet sich mancher verschlossene Text – und kann dann im besten Fall tatsächlich zur Richtschnur des eigenen Lebens werden.

WAS FOLGT AUS DEM CHRISTENTUM FÜR DEN UMGANG MIT ANDEREN MENSCHEN?

Werte und Normen für den menschlichen Umgang miteinander zu begründen, ist die vornehmste Aufgabe einer jeden Ethik. Aus den Evangelien lernen wir, dass Jesus dazu nicht nur das Gebot der Nächsten- und Feindesliebe gelehrt, sondern uns auch Brücken gebaut hat, wie wir uns dieser Maximalforderung, diesem Ideal des menschlichen Miteinanders, nähern können. Der wichtigste Text zu diesem Aspekt ist die berühmte Beispielerzählung vom barmherzigen Samariter (Lk 10,25–37), die uns den Zusammenhang von Nächsten- und Feindesliebe näherbringen will.

Mit der Erzählung antwortet Jesus auf die Frage eines Schriftgelehrten, wer denn sein Nächster sei, den er nach dem bekannten Gebot lieben solle: Ein Reisender wird auf seinem Weg nach Jericho überfallen, ausgeraubt, halbtot geschlagen und auf der Straße zurückgelassen. Erst geht ein Priester an dem Verletzten vorbei, dann ein Levit. Beide sehen ihn, unternehmen aber nichts. Dann folgt ein Samariter – und der kümmert sich fürsorglich um das Opfer. Er verbindet die Wunden, bringt ihn in eine Herberge zur weiteren Erholung und zahlt im Voraus für seine Unterkunft. »Wer von diesen dreien«, fragt Jesus nun den Schriftgelehrten, »ist der Nächste gewesen dem, der unter die Räuber gefallen war?« Der antwortet: »Der die Barmherzigkeit an ihm tat.« Jesus gibt ihm Recht und sagt: »So geh hin und tu desgleichen!«

Die Pointe der Beispielerzählung liegt in der Definition des Nächsten. Während der Schriftgelehrte mit seiner Eingangsfrage eine Antwort darauf erwartet, wie man seinen Nächsten erkennt – etwa an der Religions- oder Volkszugehörigkeit –, dreht Jesus die Perspektive um und sagt: Denke nicht darüber nach, wer dein Nächster sein könnte, sondern darüber, wie du einem anderen zum Nächsten werden kannst! Wer dein Nächster ist, entscheidest nicht du, sondern die anderen, die dein Handeln beurteilen. Religions- und Volkszugehörigkeit spielen hier keine Rolle, wie das Beispiel zeigt: Der Samariter war in einem für ihn fremden Land unterwegs, in dem er als Ketzer galt. Denn die Samariter verweigerten sich dem Jerusalemer Tempel und hatten ihr eigenes Heiligtum auf dem Berg Garizim.

So unterstreicht diese Erzählung, dass die Feindesliebe keine Erweiterung oder idealistische Radikalisierung der Nächstenliebe ist, sondern logisch aus ihr folgt, wenn man den Begriff des Nächsten so wie Jesus versteht: nicht als eine durch gewachsene Beziehungen vorgegebene Relation, sondern als eine Auszeichnung, die man sich durch sein Tun verdienen muss. Das Beispiel zeigt auch, dass man mitunter Mut braucht, um Nächstenliebe zu üben. Denn man darf annehmen, dass der Priester und der Levit nicht aus Gleichgültigkeit, sondern aus Furcht an dem Verletzten vorbeigingen (vgl. Ratzinger 2007, 236).

Die Samariter-Erzählung ist zugleich eine der Ausführungen in den Evangelien, die uns auf ganz praktische Weise den Weg zur Nächstenliebe zeigen. Liebe kann man nicht vorschreiben. Liebe als höchste Form der Zuwendung muss sich entwickeln. Aber wir können quasi auf niedrigeren Zuwendungsstufen die Voraussetzungen für diese Entwicklung schaffen. Drei Begriffe sind hier zentral, die eine empfehlenswerte Haltung zu unseren Mitmenschen beschreiben: die Barmherzigkeit, die Demut und die Sanftmut.

Die *Barmherzigkeit* gilt vor allem den Hilfsbedürftigen und wird von Jesus nicht nur im Samariter-Beispiel, sondern auch in der Rede vom Weltgericht ausgeführt. Darin zählt er die Taten auf, auf die es am Ende wirklich ankommt und die als die sechs »Werke der Barmherzigkeit« in die Geistesgeschichte eingegangen sind: den Hungrigen zu essen geben, den Durstigen zu trinken, die Fremden aufnehmen, die Nackten kleiden, die Kranken und die Gefangenen besuchen (Mt 25,35f.).[15] Barmherzigkeit gehört zu den wenigen Eigenschaften, die in einem Jesuswort Gott selbst zugesprochen werden: »Seid barmherzig, wie auch euer Vater barmherzig ist« (Lk 6,36).

Die *Demut* ist die anzustrebende Haltung gegenüber den Gleichgestellten. Eine Schlüsselstelle dazu ist Jesu Schlichtung eines Streits unter den Jüngern über ihre Rangfolge:

> »… wer groß sein will unter euch, der soll euer Diener sein; und wer unter euch der Erste sein will, der soll aller Knecht sein. Denn auch der Menschensohn ist nicht gekommen, dass er sich dienen lasse, sondern dass er diene« (Mk 10,43–45).

Wahre Größe, sagt Jesus damit, zeigt sich in aufopfernder Fürsorge und freiwilligem Statusverzicht. Demütig sein bedeutet nicht, devot zu sein. Vielmehr wird der heute altmodisch klingende Begriff hier im etymologischen Wortsinn als Dien-Mut verstanden.

Die *Sanftmut* schließlich kommt der Nächsten- und Feindesliebe bereits ganz nah. Das Wort begegnet uns in der Bibel mehrfach, vor allem dort, wo es um Macht und Mächtige geht. Über Mose zum Beispiel heißt es: Er »war

---

15. Die klassische Zählung kennt sieben Werke der Barmherzigkeit, weil sie unter Berufung auf Kirchenvater Laktanz (ca. 250 bis 320) noch »Tote bestatten« hinzufügt – obwohl dies Jesu Worten widerspricht (vgl. Mt 8,22).

ein sehr sanftmütiger Mensch, mehr als alle Menschen auf Erden« (Num 12,3; die Lutherbibel übersetzt hier zwar »demütig«, aber in der Septuaginta steht πραΰς = sanftmütig, milde). Auch Jesu Einzug in Jerusalem zum Pascha-Fest wird im Matthäusevangelium mit dieser Eigenschaft beschrieben: »Siehe, dein König kommt zu dir sanftmütig und reitet auf einem Esel« (Mt 21,5 mit Bezug auf Sach 9,9). Für Joseph Ratzinger ist »Sanftmut« ein »Königswort, das uns das Wesen des neuen Königtums Christi aufschließt« (Ratzinger 2007, 112).

Ähnlich wie die Demut beweist sich die Sanftmut umso mehr, je stärker die Position des Handelnden ist. Während sich aber die Demut auf das Tun bezieht, beschreibt die Sanftmut eine Haltung, die sich in Milde und Vergebungsbereitschaft äußert. Wer sanftmütig ist, kann auch mit Macht umgehen, denn er wird sie nicht missbrauchen. Vor diesem Hintergrund wird auch das wichtigste Jesuswort über die Sanftmut verständlich, die dritte Seligpreisung in der Matthäus-Version: »Selig sind die Sanftmütigen; denn sie werden das Erdreich besitzen« (Mt 5,5).

Zusammenfassend können wir sagen: Barmherzig zu Hilfsbedürftigen, demütig im alltäglichen Umgang mit den am nächsten stehenden Menschen und sanftmütig zu Schutzbefohlenen, Untergebenen und Gegnern – diese Handlungsorientierungen zeigen uns den Weg zum Ideal christlicher Nächstenliebe.

WAS FOLGT AUS DEM CHRISTENTUM FÜR DEN UMGANG MIT UNSERER UMWELT?

Für die Antwort auf diese Frage ist es wichtig zu wissen: In welchem Sinn ist unsere Umwelt eine Schöpfung Gottes? Aus unserem Gottesbegriff als der alles bestimmenden Wirklichkeit folgt nicht, dass Gott auch der kausale Grund für die Entstehung des Universums ist. Diese Kausalerklärung können wir getrost den Naturwissenschaften überlassen. Aus unserem Gottesbegriff folgt nur, dass Gott diesen Prozess und sein Ergebnis gewollt hat. Was immer die Ursache für die Entstehung des Alls war – es lag in Gottes Absicht. Eine Unterscheidung Karl Barths aufgreifend, hat der Theologe Wilfried Härle vorgeschlagen, von einem inneren und einem äußeren Grund zu sprechen: »Die – naturwissenschaftlich mehr oder weniger vollständig erklärbare – Weltentstehung ist der äußere Grund der Schöpfung, die Schöpfung hingegen ist der innere Grund der Weltentstehung« (Härle 2007, 420). Diese gedankliche Trennung erlaubt es, alle Kreaturen auf der Welt als durch Gottes Willen ins Leben gerufen zu betrachten, andererseits Gott als Kausalfaktor in der konkreten Entstehung des Lebens aus dem Spiel zu lassen.

Wenn wir uns nach dieser Klarstellung gedanklich auf die biblische Schöpfungssicht einlassen, dann folgt daraus, dass alles im Universum seinen gottgewollten Sinn hat. Am Ende des ersten Schöpfungsberichts in der Bibel heißt es: »Und Gott sah an alles, was er gemacht hatte, und siehe, es war sehr gut« (Gen 1,31). Dennoch kommt dem Menschen innerhalb der Schöpfung eine Sonderstellung zu: Er ist die einzige Kreatur, die nach Gottes Ebenbild geschaffen ist: »Und Gott sprach: Lasset uns Menschen machen, ein Bild, das uns gleich sei« (Gen 1,26).

Wie der Mensch seine Sonderstellung als gottesebenbildlicher Herrscher auszufüllen hat, ist nun die Kardinalfrage für unseren Umgang mit der Schöpfung. In der ersten Schöpfungsversion gibt Gott den Menschen den Auftrag: »Seid fruchtbar und mehret euch und füllet die Erde und machet sie euch untertan und herrschet über die Fische im Meer und über die Vögel unter dem Himmel und über das Vieh und über alles Getier, das auf Erden kriecht« (Gen 1,28). Dieses »untertan machen« ist lange als Freibrief für alle beliebigen menschlichen Eingriffe in die Natur verstanden worden. Dabei hat das hebräische Wort »kabasch« vor allem die Bedeutung »als Kulturlandschaft urbar machen« – mit anderen Worten, dafür zu sorgen, dass etwas wachsen und gedeihen kann. Der Auftrag des Herrschens über die Natur aus dem gleichen Vers enthält zudem auch den Aspekt des *Be*herrschens. Er schließt damit ausdrücklich das Freisetzen von Kräften aus, deren Entfaltung wir nicht kontrollieren und deren Folgen für künftige Generationen wir nicht absehen können.

Gleich nach dieser Schöpfungsversion folgt in der Genesis eine zweite, in der das Verhältnis Mensch und Umwelt unmissverständlicher beschrieben wird: »Und Gott der Herr nahm den Menschen und setzte ihn in den Garten Eden, dass er ihn bebaute und bewahrte« (Gen 2,15). Man hat zwischen den beiden Versionen lange einen Gegensatz konstruiert. Der in der Bibel zuerst stehende Bericht (Gen 1,1–2,4) ist der jüngere, er stammt aus einer »Priesterschrift« genannten Quelle, die im sechsten vorchristlichen Jahrhundert entstand. Der zweite Bericht (Gen 2,4–25) ist etwa ein Jahrhundert älter (vgl. dazu Gertz, 265) und beschreibt das Urgeschehen komplett anders. Wird hier zuerst der Mann, dann die Welt, dann die Frau erschaffen, setzt die priesterschriftliche Version das zugleich erschaffene Menschenpaar in die fertige Welt. Interessanterweise übernehmen die populären Volksdarstellungen die Schöpfung der Welt in sechs Tagen aus dem jüngeren, die Erschaffung der Eva aus Adams Rippe aus dem älteren Bericht.

In der hier interessierenden Frage allerdings, welchen Auftrag die Menschen im Umgang mit der Schöpfung haben, lässt sich kein Widerspruch herauslesen. Gerade die Verbindung aus Herrschaftsauftrag und Gottesebenbildlichkeit unterstreicht, dass dem Menschen eine hohe Verantwortung für seine Umwelt obliegt. Unsere Ähnlichkeit mit Gott kann sich nur auf die Liebesfähigkeit beziehen. Und mit dieser Liebe, das heißt mit der höchstmöglichen Zuwendung, sollten wir auch der nicht-menschlichen Kreatur begegnen. Nichts anderes meint das »bebauen und bewahren« – heute würde man sagen: nachhaltiges Bewirtschaften – in der zweiten Schöpfungsversion.

Dass Gott auch das kleinste Lebewesen als seine Schöpfung ansieht, können wir dem berühmten Jesuswort aus dem Lukasevangelium über die Spatzen entnehmen: »Verkauft man nicht fünf Sperlinge für zwei Groschen? Dennoch ist vor Gott nicht einer von ihnen vergessen« (Lk 12,6).

VERTRÄGT SICH MATERIELLER REICHTUM MIT CHRISTLICHER ETHIK?

Diese Frage muss man stellen – angesichts der überaus deutlichen und kaum Relativierungen zulassenden Jesusworte über Reichtum und Armut. Zu den bekanntesten Sprüchen zählt: »Es ist leichter, dass ein Kamel durch ein Nadelöhr gehe, als dass ein Reicher ins Reich Gottes komme« (Mk 10,25). Man hat versucht, diese Aussage zu relativieren, indem man behauptete, mit »Nadelöhr« sei ein enges Stadttor von Jerusalem gemeint, vor dem Kamele ihre Last abladen mussten, damit sie durchpassten. Ein netter Versuch – aber erstens lässt sich eine solche Behauptung nicht belegen, zweitens würde ein Bild aus Jerusalem gar nicht zu Jesu Sprachgebrauch passen. Die Stadt hat er nach aller Wahrscheinlichkeit erst am Ende seines Wirkens kennengelernt.

Außerdem gibt es noch deutlichere Aussagen. Etwa die Seligpreisung der Besitzlosen zusammen mit dem Weheruf an die Begüterten aus der Feldrede im Lukasevangelium: »Selig seid ihr Armen; denn das Reich Gottes ist euer … Aber dagegen: Weh euch Reichen! Denn ihr habt euren Trost schon gehabt« (Lk 6,20.24). Relativierungsversuche gab es auch hier, schon beim Autor des Matthäusevangeliums, der das Wort aus der Logienquelle Sinn entstellend verharmloste: »Selig sind, die da geistlich arm sind; denn ihrer ist das Himmelreich« (Mt 5,3).

Wie stand Jesus nun wirklich zum Thema Reichtum? Die Szene, die dem Nadelöhr-Zitat vorausgeht, hilft hier weiter. Ein Mann fragt Jesus, was er tun müsse, um das »ewige Leben« zu gewinnen. Jesus zählt ihm sechs Gebote auf, nach denen er sich richten solle (siehe auch Abschnitt 5). Der Mann sagt: »Meister, das habe ich alles gehalten von meiner Jugend auf.« Er will mehr als ein gesetzestreues Leben, er will ganz im göttlichen Willen aufgehen. Jesus ist darüber sehr erfreut (er »gewann ihn lieb«) und rät ihm: »Geh hin, verkaufe alles, was du hast, und gib's den Armen, so wirst du einen Schatz im Himmel haben, und komm und folge mir nach!« Da wandte sich der Mann ab »und ging traurig davon« (Mk 10,17–22).

Nicht der Reichtum an sich wird dem Mann zum Verhängnis, sondern die Tatsache, dass er in der Entscheidungssituation Wohlstand oder Gottesnachfolge dem Materiellen den Vorzug gibt. Er zeigt damit, dass er enger verbunden ist mit seinen Gütern als mit Gott. »Wo euer Schatz ist, da wird auch euer Herz sein«, sagt Jesus an anderer Stelle (Lk 12,34). Niemand »kann zwei Herren dienen; entweder er wird den einen hassen und den andern lieben, oder er wird an dem einen hängen und den andern verachten. Ihr könnt nicht Gott dienen und dem Mammon« (Lk 16,13).

Das Streben nach materiellem Reichtum ist seinem Wesen nach genau das Gegenteil von Liebe. Liebe geht bis zur Selbstaufopferung und richtet sich auf Gottes Ebenbilder, auf Menschen. Besitzstreben dagegen, das über das Nötige hinausgeht, dient nur dem Ego, verleitet zur Selbstüberschätzung und gibt eine trügerische Sicherheit. Die Erzählung vom reichen Kornbauern macht dies besonders deutlich:

»Es war ein reicher Mensch, dessen Feld hatte gut getragen. Und er dachte bei sich selbst und sprach: Was soll ich tun? Ich habe nichts, wohin ich meine Früchte sammle. Und sprach: Das will ich tun: Ich will meine Scheunen abbrechen und größere bauen und will darin sammeln all mein Korn und meine Vorräte und will sagen zu meiner Seele: Liebe Seele, du hast einen großen Vorrat für viele Jahre; habe nun Ruhe, iss, trink und habe guten Mut! Aber Gott sprach zu ihm: Du Narr! Diese Nacht wird man deine Seele von dir fordern; und wem wird dann gehören, was du angehäuft hast? So geht es dem, der sich Schätze sammelt und ist nicht reich bei Gott« (Lk 12,16–21).

Jesus hätte sicher mehr Gefallen an jenem Bauern aus dem Himalaya-Staat Bhutan gehabt, von dem der ehemalige Umweltminister Klaus Töpfer gerne erzählt:[16] Ein UN-Entwicklungsprogramm hatte diesem Bauern mit neuem Saatgut doppelte Erträge ermöglicht. Als dann die UN-Experten im darauffolgenden Jahr wiederkamen, um ihre Erfolge zu begutachten, war der Bauer

---

16. Interview mit Klaus Töpfer in der »Süddeutschen Zeitung« vom 12.10.2010 und in »DIE ZEIT« vom 30.3.2006

verschwunden: im Kloster zum Meditieren. – Er hatte ja schon für zwei Jahre die Ernte eingefahren.

Grundsätzlich kann man den Reichen immer auch mangelnde Barmherzigkeit vorwerfen. Denn solange sie reich sind, also mehr haben, als sie brauchen, und solange gleichzeitig andere hungern, könnten sie noch mehr barmherzige Werke vollbringen! Was sich auf individueller Ebene utopisch anhört, verliert im globalen Sinn an Absurdität: Wie könnten wir es Gott oder auch einem neutralen Beobachter erklären, dass aktuell 925 Millionen Menschen weltweit unterernährt sind, während in Deutschland nach Erhebungen des Robert-Koch-Instituts knapp 60 Prozent der Bevölkerung als übergewichtig gelten?[17] Sicher, eine nachhaltige Veränderung dieser Ungleichheit lässt sich nicht durch Verzicht der Privilegierten allein herbeiführen. Das christliche Ethos ermahnt uns jedoch, dass wir uns nicht dauerhaft in diesen Verhältnissen einrichten und achselzuckend nur an unser Wohlergehen denken.

Jesus hat aber auch tröstende Nachrichten für solche Menschen, denen der Verzicht auf materielle Absicherung schwerfällt: Macht euch doch nicht so viele Sorgen um die Zukunft! Es kommt sowieso anders, als ihr denkt – und mit Gottvertrauen wird es schon gut werden:

»*Seht die Vögel unter dem Himmel an: sie säen nicht, sie ernten nicht, sie sammeln nicht in die Scheunen; und euer himmlischer Vater ernährt sie doch. Seid ihr denn nicht viel mehr als sie? … Und warum sorgt ihr euch um die Kleidung? Schaut die Lilien auf dem Feld an, wie sie wachsen: sie arbeiten nicht, auch spinnen sie nicht. … Wenn nun Gott das Gras auf dem Feld so kleidet, das doch heute steht und morgen in den Ofen geworfen wird: sollte er das nicht viel mehr für euch tun, ihr Kleingläubigen? Darum sollt ihr nicht sorgen und sagen: Was werden wir essen? Was werden wir trinken? Womit werden wir uns kleiden? Nach dem allen trachten die Heiden. Denn euer himmlischer Vater weiß, dass ihr all dessen bedürft. Trachtet zuerst nach dem Reich Gottes und nach seiner Gerechtigkeit, so wird euch das alles zufallen. Darum sorgt nicht für morgen, denn der morgige Tag wird für das Seine sorgen. Es ist genug, dass jeder Tag seine eigene Plage hat*« (Mt 6,26–34).

---

17. Vgl. Welthungerindex 2010 auf www.welthungerhilfe.de und Gesundheitssurvey des Robert-Koch-Instituts zu chronischen Krankheiten und ihren Bedingungen von 2004 auf www.rki.de

Nehmt das Materielle nicht so ernst, das ist der Kern von Jesu Botschaft zum Reichtum. Lernt von jenem ungerechten Verwalter aus dem Gleichnis (siehe Abschnitt 16), der in der Not mit gefälschten Schuldscheinen seine Existenz zu sichern weiß: »Macht euch Freunde mit dem ungerechten Mammon« (Lk 16,9). Aber akkumuliert ihn nicht um der Vermögensbildung willen: Die irdischen Schätze fressen die Motten oder der Rost oder stehlen die Diebe (vgl. Mt 6,19).

Jesus hatte keine Berührungsängste mit Begüterten. Er ließ sich und seine Jüngerschar auf den Wanderungen durch Galiläa von Wohlhabenden versorgen – das Lukasevangelium nennt zwei Frauen namentlich, Johanna und Susanna, und spricht von »vielen anderen, die ihnen dienten mit ihrer Habe« (Lk 8,1–3). Bei Zachäus, dem reichen Chef der Jerichoer Zöllner, kehrt Jesus ganz gezielt ein – und bewirkt allein durch seinen Besuch eine barmherzige Wandlung des vom schlechten Gewissen geplagten Geldeintreibers: »Zachäus aber trat vor den Herrn und sprach: Siehe, Herr, die Hälfte von meinem Besitz gebe ich den Armen, und wenn ich jemanden betrogen habe, so gebe ich es vierfach zurück« (Lk 19,8).

Die bewundernswerte Lockerheit im Umgang mit Geld, die Jesus vorlebte, fiel schon seinen Nachfolgern und den ersten Christen schwer. Nicht nur, dass Jesus von einem seiner Jünger für 30 Silberlinge verraten worden sein soll (Mt 26,15), auch in den frühen Gemeinden waren Geld und Güter immer wieder ein Anlass zum Streit. In einigen von Paulus gegründeten Gemeinden wurde das ursprünglich als Sättigungsmahl ausgelegte Abendmahl auf symbolische Akte reduziert (so wie noch heute), weil die von den Gläubigen mitgebrachten Speisen die sozialen Unterschiede nur allzu deutlich machten (vgl. dazu Bartchy, 224f. und den Abschnitt »Zielverpflegung«). Ganz deutlich ist die Problematik auch in den lukanischen Schriften. Das Lukasevangelium liest sich insgesamt wie »ein Evangelium an die Reichen für die Armen« (Schnelle 2007a, 289). Der Autor hatte beim Schreiben eine – seine? – heidenchristliche Gemeinde der dritten urchristlichen Generation vor Augen, in der die Polarität von reich und arm die angestrebte ständelose Liebesgemeinschaft bedrohte. Gegen diese Tendenz betont Lukas die Jesusworte zur Wohltätigkeit: »Verkauft, was ihr habt, und gebt Almosen« (Lk 12,33), »… tut Gutes und leiht, wo ihr nichts dafür zu bekommen hofft« (Lk 5,35). Und er stellt beispielhaft den Gemeindekommunismus der ersten Jerusalemer Gemeinde heraus:

»Die Menge der Gläubigen aber war ein Herz und eine Seele; auch nicht einer sagte von seinen Gütern, dass sie sein wären, sondern es war ihnen alles gemeinsam … Es war auch keiner unter ihnen, der Mangel hatte; denn wer von ihnen Äcker oder Häuser besaß, verkaufte sie und brachte das Geld … und legte es den Aposteln zu Füßen; und man gab einem jedem, was er nötig hatte« (Apg 4,32.34f.).

Aber der Erzähler weiß auch von dem Skandal um Hananias und Saphira zu berichten, jenem Ehepaar, das den Erlös aus dem Verkauf seiner Immobilien nicht vollständig bei Petrus ablieferte, sondern einen Teil für sich abzwackte und dafür quasi mit dem Tod aus heiterem Himmel bestraft wird (Apg 5,1–11).

Der nochmals eine Generation später verfasste Jakobusbrief zeigt, dass sich die sozialen Spannungen weiter verschärften und christlicher Glaube und christliches Tun immer mehr auseinanderklafften. »Liebe Brüder«, ermahnt der Briefschreiber seine Gemeinde, »haltet den Glauben an Jesus Christus … frei von allem Ansehen der Person« (Jak 2,1). Drei Kapitel weiter wird er deutlicher:

»Und nun, ihr Reichen: Weint und heult über das Elend, das über euch kommen wird! Euer Reichtum ist verfault, eure Kleider sind von Motten zerfressen. Euer Gold und Silber ist verrostet und ihr Rost wird gegen euch Zeugnis geben und wird euer Fleisch fressen wie Feuer« (Jak 5,1–3).

Halten wir fest: Reichtum ist mit christlicher Ethik dann nicht vereinbar, wenn das Herz am Vergänglichen hängt, wenn der materielle Vorteil nicht für barmherzige Werke genutzt wird und wenn das Statusdenken in Selbstgefälligkeit mündet. Dann nämlich ist der Weg verbaut zu einer der Gottesherrschaft gemäßen Haltung: das Bewusstsein, bedürftig und auf Gottes Gnade angewiesen zu sein. Das Gegenbild zu saturierten Reichen sind für Jesus die Kinder, die arglos vertrauen, dankbar empfangen können und sich ihrer Hilfsbedürftigkeit nicht schämen: »Lasst die Kinder zu mir kommen und wehret ihnen nicht; denn solchen gehört das Reich Gottes. Wahrlich, ich sage euch: Wer das Reich Gottes nicht empfängt wie ein Kind, der wird nicht hineinkommen« (Mk 10,15).

VERPFLEGUNGSSTATION 4

DIE WICHTIGSTEN BIBELSTELLEN ÜBER DIE LIEBE

Die Liebe ist zentral für das Verständnis Gottes, des christlichen Glaubens und der christlichen Ethik. Denn Liebe ist, wie wir gesehen haben, das Wesen Gottes und das Liebesgebot die kürzeste Zusammenfassung aller christlichen Handlungsmaßstäbe. Allerdings wird »Liebe« in der Bibel mit wenigen Ausnahmen – zum Beispiel den erotischen Träumereien aus dem Hohelied Salomos – als »Agape« verstanden, die das Beste *für* den anderen will, und nicht als »Eros«, der das Beste *mit* dem anderen will (siehe Abschnitt 9). In unserem alltäglichen Sprachgebrauch ist diese Verwendung eher selten. Deshalb mögen die folgenden ausgesuchten Bibelstellen als Verständnishilfen dienen.

Das erste Zitat stammt aus dem kurzen ersten Johannesbrief, in dem »Liebe« und »lieben« 46 Mal vorkommen – konzentrierter ist im Neuen Testament nirgendwo von Liebe die Rede. Das letzte Zitat, das berühmte Hohelied der Liebe, ist einer der ältesten Texte im Neuen Testament. Als Paulus den ersten Korintherbrief um 55 in Ephesus schrieb, griff er auf das Hohelied der Liebe als textliche Einheit bereits zurück (vgl. Schnelle 2007a, 50).

»Ihr Lieben, lasst uns einander lieb haben; denn die Liebe ist von Gott, und wer liebt, der ist von Gott geboren und kennt Gott. Wer nicht liebt, der kennt Gott nicht; denn Gott ist die Liebe … Niemand hat Gott jemals gesehen. Wenn wir uns untereinander lieben, so bleibt Gott in uns, und seine Liebe ist in uns vollkommen … Gott ist die Liebe; und wer in der Liebe bleibt, der bleibt in Gott und Gott in ihm … Furcht ist nicht in der Liebe, sondern die vollkommene Liebe treibt die Furcht aus; denn die Furcht rechnet mit Strafe. Wer sich

aber fürchtet, der ist nicht vollkommen in der Liebe. Lasst uns lieben, denn er hat uns zuerst geliebt. Wenn jemand spricht: Ich liebe Gott, und hasst seinen Bruder, der ist ein Lügner. Denn wer seinen Bruder nicht liebt, den er sieht, der kann nicht Gott lieben, den er nicht sieht« (1 Joh 4,7f.12.16.18–20).

* * *

»Und wenn ihr die liebt, die euch lieben, welchen Dank habt ihr davon? Denn auch die Sünder lieben ihre Freunde. Und wenn ihr euren Wohltätern wohltut, welchen Dank habt ihr davon? Denn die Sünder tun dasselbe auch. Und wenn ihr denen leiht, von denen ihr etwas zu bekommen hofft, welchen Dank habt ihr davon? Auch die Sünder leihen den Sündern, damit sie das Gleiche bekommen. Vielmehr liebt eure Feinde; tut Gutes und leiht, wo ihr nichts dafür zu bekommen hofft« (Lk 6,32–35).

* * *

»Denn also hat Gott die Welt geliebt, dass er seinen eingeborenen Sohn gab, damit alle, die an ihn glauben, nicht verloren werden, sondern das ewige Leben haben« (Joh 3,16).

* * *

»Wer meine Gebote hat und hält sie, der ist's, der mich liebt. Wer mich aber liebt, der wird von meinem Vater geliebt werden, und ich werde ihn lieben und mich ihm offenbaren« (Joh 14,21).

* * *

»Das ist mein Gebot, dass ihr euch untereinander liebt, wie ich euch liebe. Niemand hat größere Liebe als die, dass er sein Leben lässt für seine Freunde« (Joh 15,12f.).

* * *

»So folgt nun Gottes Beispiel als die geliebten Kinder und lebt in der Liebe, wie auch Christus uns geliebt hat und hat sich selbst für uns gegeben als Gabe und Opfer« (Eph 5,1f.).

* * *

»Besser ein Gericht Kraut mit Liebe als ein gemästeter Ochse mit Hass« (Spr 15,17).

* * *

»Wenn aber jemand dieser Welt Güter hat und sieht seinen Bruder darben und schließt sein Herz vor ihm zu, wie bleibt dann die Liebe Gottes in ihm? Meine Kinder, lasst uns nicht lieben mit Worten noch mit der Zunge, sondern mit der Tat und mit der Wahrheit« (1 Joh 3,17f.).

»Über alles aber zieht an die Liebe, die da ist das Band der Vollkommenheit« (Kol 3,14).

*   *   *

»Die Hauptsumme aller Unterweisung aber ist Liebe aus reinem Herzen und aus gutem Gewissen und aus ungefärbtem Glauben« (1 Tim 1,5).

*   *   *

»Wenn ich mit Menschen- und mit Engelzungen redete und hätte die Liebe nicht, so wäre ich ein tönendes Erz oder eine klingende Schelle. Und wenn ich prophetisch reden könnte und wüsste alle Geheimnisse und alle Erkenntnis und hätte allen Glauben, sodass ich Berge versetzen könnte, und hätte die Liebe nicht, so wäre ich nichts. Und wenn ich alle meine Habe den Armen gäbe und ließe meinen Leib verbrennen und hätte die Liebe nicht, so wäre mir's nichts nütze. Die Liebe ist langmütig und freundlich, die Liebe eifert nicht, die Liebe treibt nicht Mutwillen, sie bläht sich nicht auf, sie verhält sich nicht ungehörig, sie sucht nicht das Ihre, sie lässt sich nicht erbittern, sie rechnet das Böse nicht zu, sie freut sich nicht über die Ungerechtigkeit, sie freut sich aber an der Wahrheit; sie erträgt alles, sie glaubt alles, sie hofft alles, sie duldet alles. Die Liebe hört niemals auf, wo doch das prophetische Reden aufhören wird und das Zungenreden aufhören wird und die Erkenntnis aufhören wird. Denn unser Wissen ist Stückwerk und unser prophetisches Reden ist Stückwerk ... Nun aber bleiben Glaube, Hoffnung, Liebe, diese drei; aber die Liebe ist die größte unter ihnen« (1 Kor 13,1–9.13).

VERBIETET DIE CHRISTLICHE ETHIK SCHEIDUNGEN?

Neben dem materiellen Reichtum verdient die Ehescheidung als moralisches Einzelproblem innerhalb des Christentums eine eigene Betrachtung. Denn zu keinem anderen Bereich sind uns Jesu Aussagen historisch zuverlässiger bezeugt: Über seine Einstellung zur Scheidung berichten übereinstimmend die drei ältesten Quellen – Paulus im Brief an die Korinther (1 Kor 7,10f.), das Markusevangelium (Mk 10,2–9) und die Logienquelle, die Lukas und Matthäus verarbeitet haben (Lk 16,18/Mt 5,32).

Der Befund ist – fast – eindeutig und wird bei Markus am klarsten zum Ausdruck gebracht: »Was nun Gott zusammengefügt hat, soll der Mensch nicht scheiden ... Wer sich scheidet von seiner Frau und heiratet eine andere, der bricht ihr gegenüber die Ehe; und wenn sich eine Frau scheidet von ihrem Mann und heiratet einen andern, bricht sie ihre Ehe« (Mk 10,9.11f.). Das mag sich für unsere Ohren immer noch ein wenig kompliziert anhören, war aber in der damaligen Zeit eine ganz neue Sicht der Dinge. Nach dem mosaischen Gesetz konnte ein Mann seine eigene Ehe gar nicht brechen – sein Fremdgehen war nicht verboten, der Mann hatte eine absolute Herrschaftsposition in der Ehe (vgl. Dtn 24,1–4). Nur das Fremdgehen mit einer verheirateten Frau galt als Ehebruch – und zwar als Bruch der Ehe der Frau, weil es den Herrschaftsanspruch des betrogenen Mannes verletzte – und wurde mit Steinigung bestraft.

Jesus stellte nun eine Symmetrie zwischen Mann und Frau her, wertete die Position der Frau in einer für seine Zeitgenossen geradezu unverständlichen Weise auf: Jede Form von Scheidung, ob sie vom Mann oder von der Frau ausgeht, hat als Ehebruch im Sinne der Zehn Gebote und damit als Verstoß gegen Gottes Willen zu gelten. Die Tora sah ausdrücklich die Möglichkeit der Scheidung für den Mann vor – übrigens schon, wenn er seiner Frau »überdrüssig« geworden war (Dtn 24,3). In der Darstellung des Markusevangeliums sprechen die Pharisäer Jesus auch auf diese Möglichkeit an: »Mose hat zugelassen, einen Scheidebrief zu schreiben und sich zu scheiden« (Mk 10,4). Jesus antwortet ihnen: »Um eures Herzens Härte willen hat er euch dieses Gebot geschrieben« (Mk 10,5). Er hätte auch sagen können: in der Hoffnung, dass ihr die ungerechte Härte dieser Möglichkeit einseht.

Dass der Befund aus den erwähnten Bibelstellen nicht ganz eindeutig ist, liegt an einer Relativierung, die der Matthäus-Evangelist vorgenommen hat. Er gibt Jesus mit den Worten wieder: »Wer sich von seiner Frau scheidet, es sei denn wegen Ehebruchs, der macht, dass sie die Ehe bricht; und wer eine Geschiedene heiratet, der bricht die Ehe« (Mt 5,32). Diese Aussage, nach der zwar der Mann, aber nicht die Frau das Recht auf Scheidung nach einem

Ehebruch habe, passt nun gar nicht zu den anderen Quellen – und widerspricht auch dem Sinn von Jesu radikaler Ehebruch-Auslegung wenige Verse vorher: »Wer eine Frau ansieht, sie zu begehren, der hat schon mit ihr die Ehe gebrochen in seinem Herzen« (Mt 5,28). Damit stellt Jesus klar, dass auch der Ehebruch des Mannes kein Kavaliersdelikt, sondern eine Gebotsverletzung ist.

Jesus hat mit seiner strengen Haltung zur Scheidung vor allem die Stellung der Frau menschlich, juristisch und materiell aufgewertet. Denn eine Frau, die von ihrem Mann den Scheidebrief bekam, war in aller Regel finanziell ruiniert und der Armut ausgeliefert. Jesus betont dagegen, dass kein Mann das Recht hat, seine Frau fortzuschicken und fallenzulassen. Sein Verbot der Scheidung ist ein Akt der Existenzsicherung für die Frau und passt sich insofern nahtlos in seine Parteinahme für die Schwachen und Unterdrückten ein. Die Frauen waren die größte Gruppe der damaligen Gesellschaft, die systematisch benachteiligt und vom öffentlichen Geschehen ausgeschlossen war. Sie durften nur einen der vorderen Tempelbereiche betreten, waren in der Gebetsverpflichtung den Sklaven gleichgestellt, durften vor Gericht nicht aussagen, und eine längere Unterhaltung mit ihnen, sogar mit der eigenen Frau, galt als verpönt (vgl. Küng 1974, 256f.). Jesus dagegen suchte ihre Nähe (Lk 10,38–42), akzeptierte sie als Nachfolgerinnen (Lk 8,2f.), kehrte bei ihnen ein (Lk 10,38), ließ sich von ihnen salben und die Füße küssen (Lk 7,38).

Wie sich Jesus heute zur Scheidung äußern würde, wo für den Partner- und Kindesunterhalt in aller Regel gerecht gesorgt wird, darüber können wir nur spekulieren. Jesus ging es aber mit seinem Scheidungsverbot nicht darum, eine erkaltete Liebe zwischen Mann und Frau – hier verstanden als Eros, nicht als Agape – aufzuwärmen, sondern es ging ihm um Menschlichkeit und Gerechtigkeit. Vor diesem Hintergrund ist seine rigorose Haltung auch heute noch verständlich und vorbildlich.

LÄSST SICH MIT DER
BERGPREDIGT POLITIK MACHEN?

Diese Frage spaltet unsere Politiker – und zwar in einen sehr großen Teil von Neinsagern und einen sehr kleinen Teil von Jasagern. Zum Nein bekannten sich beispielsweise Otto von Bismarck, Helmut Schmidt und Helmut Kohl. Sie können sich dabei sogar auf Martin Luther berufen, der das Ethos der Bergpredigt nur auf das Handeln des Einzelnen für sich beziehen wollte, nicht auf das Handeln für andere. Dagegen sagte beispielsweise der Alt-Bundespräsident Richard von Weizsäcker: »Ich kann mir humane Politik nur mit der Bergpredigt vorstellen« (zitiert nach Alt, 1). Ähnlich äußerten sich Johannes Rau und der ehemalige Ministerpräsident von Sachsen-Anhalt, Reinhard Höppner.

Wem würde Jesus Recht geben? Er hat sich bekanntlich in die Politik seiner Zeit nicht aktiv eingemischt. »Mein Reich ist nicht von dieser Welt«, begründete er gegenüber Pilatus sein Verhalten, sich nicht gegen seine Festnahme gewehrt zu haben (Joh 18,36). Den Pharisäern, die ihn mit der Frage überführen wollen, ob sie denn dem römischen Kaiser zu Recht Steuern zahlen, antwortet er zu ihrer Verwunderung: »… gebt dem Kaiser, was des Kaisers ist, und Gott, was Gottes ist!« (Mk 12,17)

Daraus zu schließen, Jesus hätte für politisches Handeln keine Maßstäbe gesetzt, wäre aber völlig falsch. Erstens ist zu bedenken, dass die Schreiber der Evangelien ein großes Interesse daran hatten, die Besatzungsmacht der Römer möglichst gut wegkommen zu lassen, um den christlichen Gemeinden den Freiraum zur Gottesdienstausübung nicht zu beschneiden und ihre Mitglieder nicht zu gefährden. Deshalb wird beispielsweise auch Pilatus durchweg positiver dargestellt als Herodes Antipas, obwohl es sein Todesurteil war, das Jesus ans Kreuz brachte. In der besonders obrigkeitsfreundlichen Darstellung des Lukasevangeliums sind sogar Pilatus *und* Herodes von Jesu Unschuld überzeugt – der Mob ist es, der dann doch seine Hinrichtung verlangt (Lk 23,14–25).

Zweitens hat Jesus sehr wohl deutliche Kritik an politischen Herrschaftsverhältnissen geübt und seine Nachfolger aufgefordert, ein entgegengesetztes Ideal zu verwirklichen:

> »Ihr wisst, die als Herrscher gelten, halten ihre Völker nieder, und ihre Mächtigen tun ihnen Gewalt an. Aber so ist es unter euch nicht; sondern wer groß sein will unter euch, der soll euer Diener sein; und wer unter euch der Erste sein will, der soll aller Knecht sein« (Mk 10,42–44).

Den gottgefälligen Herrscher, so sagt Jesus damit, zeichnet eine fürsorgende, dienende und gewaltfreie Haltung aus. Unterdrückung, Verfolgung und Ausbeutung lassen sich mit diesem Bild nicht vereinbaren. Die Radikalität von Jesu Kritik mag deshalb unterschätzt werden, weil er nicht zu einer Revolution gegen Missstände aufruft, sondern eine gewaltfreie, kreative Strategie der Liebe empfiehlt: »Liebt eure Feinde und bittet für die, die euch verfolgen« (Mt 5,44), heißt es in der Bergpredigt. Auffallend ist hier der Plural: Während Jesus vorher im Singular spricht (»Du sollst deinen Nächsten lieben …«; Mt 5,43), zeigt der Numeruswechsel an, dass es bei der Feindesliebe nicht nur um eine individuelle, sondern auch um eine gemeinschaftlich zu verstehende Handlungsanweisung geht. Es ist also nicht nur der böse Nachbar gemeint, sondern auch das feindlich gesinnte Nachbarvolk, die diktatorische Besatzungsmacht, die verfolgende andere Religionsgemeinschaft … (vgl. Theißen 2002, 117). Dass die strikte, keine Ausnahme duldende Gewaltlosigkeit, zu der Jesus hier rät, keine Unterwürfigkeit bedeutet, hatten wir bereits in Abschnitt 24 gesehen. Wer seine Feinde liebt, setzt der Feindschaft eine Grenze und beweist sich so als der Stärkere. Wie das in der Praxis aussehen kann, haben Mahatma Gandhi und Martin Luther King vorgelebt, an deren friedlichen Protestmethoden Jesus sicher mehr Gefallen gefunden hätte als an den Gewalt verherrlichenden revolutionären Theorien Che Guevaras oder Wladimir I. U. Lenins. »Gewaltlosigkeit kann sich immer auf Jesus Christus berufen, Gewaltgebrauch vielleicht im Notfall auf die Vernunft« (Küng 1974, 561).

Die Aussagen Jesu mit der größten politischen Tragweite sind zweifellos die Seligpreisungen. Viele Exegeten beziehen sie nur auf das kommende

Reich Gottes und berauben sie so ihrer Sprengkraft. Doch dann begibt man sich in einen Widerspruch zu den zahlreichen Gleichnis-Aussagen Jesu, dass sich Gottes Regentschaft in dem Maße verwirklicht, wie wir Menschen seine Normen umsetzen. Man kann die Seligpreisungen auch wie Margot Käßmann als Plädoyer gegen »eine Politik des puren Pragmatismus, des ökonomischen Rechnens und des Machterhaltes« lesen und für »eine Politik, die noch Visionen kennt, die sieht, was die Bibel sagt: Gerechtigkeit im Land misst sich immer daran, wie es den Schwächsten in der Gesellschaft geht« (Käßmann 2010b, 16). Die Visionen speisen sich zwar aus der Hoffnung für eine kommende Zeit jenseits unseres endlichen Horizonts, befeuern aber zugleich unsere Hoffnungen für eine verbesserbare Welt im Hier und Jetzt. So gesehen, lesen sich zumindest diese fünf von insgesamt zwölf Seligpreisungen (in Mt und Lk zusammen) wie ein wahrhaft christliches Parteiprogramm:

> »Selig seid ihr, die ihr jetzt hungert; denn ihr sollt satt werden«
> (Lk 6,21).
> »Selig sind die Sanftmütigen; denn sie werden das Erdreich besitzen.
> Selig sind, die da hungert und dürstet nach der Gerechtigkeit; denn sie sollen satt werden.
> Selig sind die Barmherzigen; denn sie werden Barmherzigkeit erlangen.
> Selig sind, die reinen Herzens sind; denn sie werden Gott schauen.
> Selig sind die Friedfertigen; denn sie werden Gottes Kinder heißen«
> (Mt 5,5–9).

Fürsorge für die sozial Schwachen, Sanftmut und Gewaltlosigkeit als unumstößliche Prinzipien, Gerechtigkeit für die Unterdrückten und Verfolgten überall auf der Welt, Barmherzigkeit für die Hilfsbedürftigen, Ehrlichkeit im Reden und Verhalten sowie eine Konfliktlösungsstrategie, die um des Friedens willen auch mal auf ihr Recht verzichtet – das wären die Grundfeste einer an der Bergpredigt orientierten Politik. Wenn eine solche Politik auf Staatsbürger träfe, die aus ihrem christlichen Ethos heraus eine unerschütterliche Achtung vor der Menschenwürde haben, die »nach Gerechtigkeit dürstet« und die menschliche Allmachtsansprüche ablehnen, würden wir dem Reich Gottes auf Erden schon recht nahe kommen.

Im Bereich der Grundrechte hat christliche Ethik übrigens schon ihre segensreiche Wirkung gezeigt. Nicht umsonst betont die Präambel unseres Grundgesetzes die »Verantwortung vor Gott«, denn wesentliche Errungenschaften der freiheitlichen Demokratie sind ihrem Ursprung nach säkularisierte »christliche Schätze«, wie der Theologe Eberhard Jüngel herausgestellt hat: beispielsweise die Hochschätzung der Gewissensfreiheit und die Unverletzlichkeit der Menschenwürde – auch der des eingeschränkten, behinderten oder beschädigten Lebens (vgl. Jüngel, 31f.).

WIE PFLEGE ICH
DEN UMGANG MIT GOTT?

Wenn wir Gott begegnen wollen, müssen wir seine Nähe suchen, uns ihm zuwenden und darauf vertrauen, dass er sich auch uns zuwendet. Insofern unterscheidet sich der Umgang mit Gott gar nicht so sehr von unserem Umgang mit anderen Menschen, an denen uns etwas liegt. Die Herausforderung besteht jedoch darin, sich einer gesichts- und körperlosen Wirklichkeit zu öffnen, die für unsere Sinne nirgendwo und für unser Empfinden überall zu orten ist. Hier hilft die Besinnung auf das Wesen Gottes: die Liebe, verstanden in ihrer dreifachen Ausprägung als Gottes-, Nächsten- und Selbstliebe, wie sie uns Jesus mit den beiden höchsten Geboten lehrt: »Du sollst den Herrn, deinen Gott, lieben von ganzem Herzen, von ganzer Seele und von ganzem Gemüt … Du sollst deinen Nächsten lieben wie dich selbst« (Mt 22, 37.39).

Bei vielen spirituellen Ratgebern, so hat man den Eindruck, liegt der Fokus allein auf der Selbstliebe: Das Spüren von Gottes Nähe wird vermittelt als eine Art von spiritueller Wellness, innere Einkehr als ein Wohlfühlerlebnis beschrieben. Das ist eine sehr einseitige Verengung. Wer nur nach innen schaut, will gar keinen Kontakt aufnehmen, koppelt sich ab von äußeren Reizen. Natürlich kann ich auch Gott in mir erkennen, aber die ausschließliche Rückbesinnung auf mich selbst wird mich auf Dauer nicht weiterbringen. Mit Gott in Verbindung zu stehen bedeutet auch nicht notwendigerweise, mit sich selbst im Reinen zu sein. Gottes Wille kann durchaus ein sehr unbequemer, aufwühlender und Widerstand hervorrufender Impuls sein. Wer Spiritualität in dem Inneren des Dreiecks von Gottes-, Nächsten- und Selbstliebe sucht und nicht nur in einer Ecke, bleibt dafür offen.

Im Folgenden sind ohne Anspruch auf Vollständigkeit sieben Wege vorgeschlagen, die in die Nähe Gottes führen können (für weitere und andere Vorschläge siehe Käßmann 2007, 121–181). Sie sind geordnet nach ihrem mutmaßlichen Schwierigkeitsgrad für Skeptiker und beginnen mit dem Zugang, der die wenigsten Anforderungen an den Glauben stellt:

1. Liebe: Die selbstlose Liebe, die das Beste *für* den anderen und nicht *mit* dem anderen will (griechisch »Agape« in Abgrenzung zum »Eros«; siehe Abschnitt 9), ist das wertvollste und großartigste Gefühl, zu dem wir Menschen fähig sind. Es ist frei von jeder evolutionären Nützlichkeit und schließt egoistische Interessen aus. Wer an Gott glauben kann, spürt in diesem Gefühl sein Wesen und seine Nähe. Wer noch nicht an Gott glauben kann, wird dennoch so etwas wie Dankbarkeit für dieses erhabene Gefühl spüren – und könnte mal darüber nachdenken, an wen sich diese Dankbarkeit adressieren ließe. Eine solche Liebe kann man sich nicht vornehmen – man kann sich dafür aber öffnen, damit man die wenigen Gelegenheiten dazu im Leben auch erkennt.

2. Natur: Das Christentum ist keine Naturreligion, nach der sich Gott als Teil der Natur zeigt. Aber das verbietet nicht, die nach menschlichen Maßstäben verschwenderische Schönheit seiner Schöpfung zu bewundern, wie es uns Jesus auch nahelegt:

> »*Schaut die Lilien auf dem Feld an, wie sie wachsen: sie arbeiten nicht, auch spinnen sie nicht. Ich sage euch, dass auch Salomo in aller seiner Herrlichkeit nicht gekleidet gewesen ist wie eine von ihnen*« (Mt 6,28f.).

Während wir uns in der Liebe dem Wesen Gottes nähern, begegnet uns in der Natur die Macht seiner Schöpfungskraft. Dieser Weg steht jedem offen – wir müssen dazu nur die Augen öffnen.

3. Kunst: Auch menschliche Schöpfung kann uns helfen, gedanklich aus der Alltagswelt hinauszutreten und mit Gott in Kontakt zu treten. Am deutlichsten wird dies natürlich dort, wo Menschenwerk ausdrücklich mit dieser Intention geschaffen wurde: zum Beispiel beim Hören sakraler Musik – etwa einer Messe, eines Requiems oder eines Orgelkonzerts – in einem akustisch wie architektonisch beeindruckenden Kirchenbau. Oder beim gedanklichen Versenken in die Ikonen einer einsamen kleinen Kapelle auf einer griechischen Insel. Da jeder Mensch für Kunst anders ansprechbar ist, lassen sich hier keine allgemeinen Empfehlungen geben. In jedem Fall kommt auch profane Kunst dafür in Frage, unsere Seele anzusprechen. Hans Küng beispielsweise schwärmt von dem einzigartigen Klarinettenkonzert in A-Dur (KV 622), das Wolfgang Amadeus Mozart zwei Monate vor seinem Tod schrieb:

> Der »sensible, hörbereite Mensch … vermag in dem reinen, ganz
> verinnerlichten und uns doch umfangenden wortlosen Klang etwa
> des Adagios des Klarinettenkonzerts in sich noch ein ganz Anderes
> zu vernehmen: den Klang des Schönen in seiner Unendlichkeit, ja
> den Klang des einen Unendlichen, das uns übersteigt und für das
> ›schön‹ kein Wort ist« (Küng 2009, 154).

4. Bewegung: Eine rhythmische körperliche Tätigkeit wie Spazierengehen oder Laufen hilft uns sehr effektiv, aus dem üblichen Gedankentrott herauszufinden und sich für Transzendentes zu öffnen. Das wussten schon die Mystiker (vgl. das Interview mit Margot Käßmann ab S. 169) – und das wollen heute immer mehr Menschen beim Pilgern erfahren. Nun kann eine Pilgerreise recht aufwändig sein, weshalb sie sich eher für eine einmalige, besondere Annäherung an Gott, weniger für das tägliche Suchen anbietet. Dafür wiederum ist das Laufen unschlagbar. Man muss dafür kein Leistungssportler werden – es reicht gerade so viel Training, dass man beim Joggen nicht nur mit dem Körper beschäftigt ist, sondern den Kopf frei hat für die neuen Gedanken, die einem dann mit Sicherheit zufliegen (siehe dazu auch die Tipps zum meditativen Laufen ab Seite 175).

5. Bibelstudium: Wir hatten in Abschnitt 25 betont, dass sich die Bibel nicht als wörtlich zu nehmende Richtschnur für unser Handeln eignet. Aber sie ist eine unübertroffene Fundgrube voller Anregungen und Weisheiten, mit denen man sich, je nach Zeitbudget, auf verschiedenen Ebenen vertraut machen kann: vom zufälligen Vers-Picken bis zur systematischen Lektüre. Für Letzteres empfiehlt sich die Stuttgarter Erklärungsbibel, die die Luther-übersetzung in der 1984 revidierten Fassung mit ausführlichen Erläuterungen direkt an der jeweiligen Bibelstelle ergänzt. Bequemer geht's nicht. Daraus kann man sich gezielt ein Buch zur durchgängigen Lektüre herausgreifen. Nur keine Scheu: Für das Markusevangelium beispielsweise braucht man nicht länger als einen Nachmittag. Wem täglich ein Bibelvers genügt, der kann die Losungen der Herrnhuter Brüdergemeine als kostenlosen E-Newsletter abonnieren oder als Kalender gesammelt kaufen (www.losungen.de). Seit 1731 lost die evangelische Brüder-Unität einen Tagesspruch aus 1800 Bibelstellen des Alten Testaments aus und stellt dazu ein ausgewähltes Zitat aus dem Neuen Testament. Das ist manchmal inspirierend, manchmal sperrig, in jedem Fall aber wirkungsvoll. Die Losungen empfehlen sich auch als Initialzündung für eine tägliche Andacht – zum Beispiel beim Weg zur Arbeit, bei einem Spaziergang nach Feierabend oder bei einem morgendlichen Lauf.

6. Gottesdienst: Früher war er das Zentrum christlicher Glaubenspraxis. Im Zuge der gesellschaftlichen Entwicklung, in der der Einzelne gegenüber der Gruppe an Bedeutung gewonnen hat, verlor der Gottesdienst gegenüber individualistisch geprägten Gottesbegegnungen an Zuspruch. Dabei ist gerade das Gemeinschaftserlebnis eine besondere Qualität der spirituellen Erfahrung und im Sinne der Nächstenliebe ein wichtiges Korrektiv zur ausschließlich selbstbezogenen Suche nach Gott. Wer Gottesdienste unattraktiv findet, hat vielleicht noch nicht die zu ihm passende Form gefunden. Das Angebot reicht von mehrstündigen, mit vielen Chorgesängen ausgeschmückten Liturgien in den orthodoxen Kirchen des Ostens bis zur schlichten Konzentration auf Predigt und Gebet in den reformierten Gemeinden. Schauen Sie in Ihrem Telefonbuch oder im Internet mal nach, wie viele verschiedene christliche Kirchen es in Ihrer Umgebung gibt. Sie werden erstaunt sein.

7. Gebet: Wenn es nicht floskelhaft und gewohnheitsmäßig aufgesagt wird, kann das Gebet die intensivste Form der Gottesbegegnung sein. Es gibt dafür keine festgelegte Form, nur die Maßgabe von Jesus, es im Stillen und ohne Geschwätzigkeit zu tun:

»Wenn du aber betest, so geh in dein Kämmerlein und schließ die Tür zu und bete zu deinem Vater, der im Verborgenen ist; und dein Vater, der in das Verborgene sieht, wird dir's vergelten. Und wenn ihr betet, sollt ihr nicht viel plappern wie die Heiden; denn sie meinen, sie werden erhört, wenn sie viele Worte machen. Darum sollt ihr ihnen nicht gleichen. Denn euer Vater weiß, was ihr bedürft, bevor ihr ihn bittet« (Mt 6,6–8).

Jesus lehrt seine Jünger im Anschluss an diese Worte das Vaterunser als Mustergebet. Dieses wichtigste christliche Gebet umfasst alles, was man in ein Gespräch mit Gott hineinlegen kann, und verdient deshalb eine gesonderte Betrachtung (Abschnitt 33). Zuvor wollen wir uns noch der Frage nach dem rechten Zeitpunkt für ein Gebet widmen.

WAS IST DIE RICHTIGE SITUATION, DAS GESPRÄCH MIT GOTT ZU SUCHEN?

Diesen Witz gibt es in zahlreichen Versionen, ich erzähle ihn mal so: Ein Kirchgänger fragt nach dem Gottesdienst den Pfarrer, ob man denn beim Beten auch rauchen dürfe. »Um Gottes willen, nein!«, antwortet der entsetzt. Am nächsten Sonntag kommt der Kirchgänger erneut zum Pfarrer und fragt: »Darf man eigentlich beim Rauchen beten?« Da antwortet der Geistliche: »Aber selbstverständlich, mein Bruder.«

Der Pfarrer hat Recht: Wer so betet, dass er nebenbei noch rauchen (essen, arbeiten, fernsehen) kann, macht etwas falsch. Wen aber plötzlich in einer Alltagssituation das Bedürfnis überkommt, Gott anzurufen, der ist auf dem besten Wege zu einem Verbindungsaufbau. Denn nicht die äußeren Umstände bestimmen, ob eine Situation für ein Gebet geeignet ist. Entscheidend ist die innere Verfassung, in der wir beten wollen. Wenn wir mit Gott sprechen wollen, schulden wir ihm unsere volle Konzentration. Dazu müssen wir Abstand gewinnen zu den alltäglichen Dingen, die uns gerade beschäftigen. Nicht jedem gelingt dies in der absoluten Stille am besten. Manchen hilft es, dabei in Bewegung zu sein: Spazieren gehen, laufen, Rad fahren – mechanische, rhythmische Abläufe unterstützen, wie bereits erwähnt, die gedankliche Fokussierung. Ebenfalls hilfreich ist es, wenn man auf einen vorgegebenen Gebetstext zurückgreift, im besten Fall auf das Vaterunser. Unsere Gedanken werden dann von den Worten in die rechte Spur gelenkt. In diesem Fall folgt ausnahmsweise das Denken dem Sprechen und nicht das Sprechen dem Denken. Das ist kein Eingeständnis mangelnder Kreativität – schon Paulus klagte: »Denn wir wissen nicht, was wir beten sollen« (Röm 8,26) –, eher ein Zeichen großer Ehrfurcht. Und schließlich: Damit ein Gebet kein Selbstgespräch, sondern eine Zwiesprache mit Gott wird, muss man auch hören können. Hören heißt zuallererst schweigen. Dann kann Gott »seine Gedanken in uns denken« (Zink, 77).

Wie oft man Gott anruft, hängt vom persönlichen Bedürfnis ab. Um in eine Gebetspraxis hineinzukommen, empfehlen sich zwei Gebete am Tag – morgens und abends. »Wer Praxis im Beten hat, nimmt morgens den Tag aus Gottes Hand und gibt ihn abends in Gottes Hand zurück« (Käßmann 2010a, 34). Darüber hinaus gibt es noch viele weitere Anlässe für ein Gebet. Meist unterscheidet man die drei Grundformen Dank/Lob, Bitte/Fürbitte und Klage.

Die erste Form ist wohl am wenigsten erklärungsbedürftig, weil echter Dank sich von allein seinen Weg bahnt. Die zweite Form ist schon problematischer. Warum sollen wir uns mit unseren Bitten an Gott als die alles bestimmende Wirklichkeit wenden, wenn er a) sowieso schon weiß, um was wir bitten, und b) den weiteren Verlauf des Geschehens schon lange kennt? Doch es geht eben nicht darum, Gott um einen Eingriff in den Lauf der Dinge zu bitten. Wir bitten vielmehr darum, dass wir im Einklang mit Gottes Willen sind und dadurch zunächst Verständnis, dann Vertrauen, Mut und Zuversicht gewinnen. In diesem Sinne ist das Jesuswort zu verstehen: »Bittet, so wird euch gegeben« (Mt 7,7). Es heißt nicht: »Bittet, so wird euch euer Wunsch erfüllt.« Das, was man im Gebet empfängt, ist wichtiger als das, was man sagt. Wir müssen Gott nichts mitteilen, aber wir müssen uns ihm öffnen, wenn wir eins mit seinem Willen werden wollen.

Und was hat es mit der dritten Form, der Klage, auf sich? Damit ist nicht eine Anklage Gottes gemeint, sondern eine Klage über das eigene Fehlverhalten. Die Klage kann ein befreiender Stoßseufzer über das eigene Scheitern sein, verbunden mit der Bitte um Stärkung. Ein Loblied auf die Klage stimmt Wolfgang Huber an, der ehemalige Ratsvorsitzende der Evangelischen Kirche in Deutschland: »Das Böse muss beim Namen genannt, das Übel beschrieben, das Leiden mitgeteilt werden« (Huber 2008, 69). Ein Beispiel für ein Klagegebet lernen wir in der fünften »Verpflegungsstation« kennen.

WAS IST DAS BESONDERE AM VATERUNSER?

Es sind die für die christliche Glaubenspraxis wichtigsten Verse des Neuen Testaments. Wenn man überhaupt etwas aus der Bibel auswendig lernen möchte, dann diese kurzen Passagen: Matthäus 6,9–13 oder – noch ein bisschen kürzer – Lukas 11,1–4. Das Vaterunser ist Bestandteil der ältesten Überlieferungsschichten von Jesusworten; und das ist seine erste Besonderheit: Dieses Gebet stammt von Jesus selbst, er hat es seinen Nachfolgern als Muster für ihre Zwiesprache mit Gott ans Herz gelegt.

Die zweite Besonderheit des Vaterunsers ist, dass es allem Raum gibt, was man Gott überhaupt sagen kann. Das dritte Charakteristikum dieses Gebets ist, dass es eine für das Christentum typische radikale Umwertung enthält. Diese Eigenschaften wollen wir uns Satz für Satz anschauen, weil der Text so viel mehr hergibt, als es das erste flüchtige Lesen vermuten lässt.

Formal besteht das Vaterunser in der matthäischen Version aus einer Anrede und sieben Bitten, von denen drei in der Du-Form, vier in der Wir-Form gehalten sind. In den ersten drei Bitten geht es um die Sache Gottes in der Welt, bei den übrigen vier stehen wir mit unseren Bedürfnissen und Nöten im Mittelpunkt.

»**Unser Vater im Himmel!**« Diese vier Worte enthalten bereits das vollständige christliche Gottesverständnis. Die Anrede »Vater« stellt unsere Wesensverwandtschaft mit Gott ins Zentrum: Gottes Wesen ist Liebe, und soweit wir uns diese Liebe zu eigen machen, sind wir ihm nah. Natürlich könnte hier auch »Mutter« stehen, denn Gott entzieht sich der geschlechtlichen Einordnung. Die Texte der Evangelien stammen aus einer stark patriarchalisch geprägten Zeit. Aber das ist nicht der einzige Grund für den männlichen Begriff. Mutter-Gottheiten waren in der Antike typisch für pantheistische Religionen, in denen Schöpfer und Schöpfung als eins gedacht werden. Von diesem Konzept wollte sich die jüdisch-christliche Tradition mit dem väterlichen Bild klar abgrenzen (vgl. Ratzinger 2007, 174). Wer also lieber »Mutter« sagt, der kann es tun – er unterliegt dabei aber der gleichen sprachlich bedingten Einengung des Gottesbegriffes wie der »Vater«-Sager (vgl. Käßmann 2010a, 45).

Das Possessivpronomen »unser« verlangt von uns, aus unserer Selbstbezogenheit herauszutreten und uns als Mitglied einer Gemeinschaft zu begreifen – nämlich der Gemeinschaft aller, die zu Gott »Vater« sagen können. Und das sind alle Menschen, unabhängig von unserer Beziehung zu ihnen. So öffnen uns schon die ersten zwei Worte des Gebets für die beiden höchsten Gebote, die der Gottes- und Nächstenliebe. Der Zusatz »im Himmel« stellt den grundsätzlichen Kategorienunterschied zwischen unserer »irdischen« und der alles bestimmenden Wirklichkeit heraus. Dadurch wird die Besonderheit der vertrauten Anrede »unser Vater« noch betont: Obwohl Gott sich unserer sinnlichen Vorstellung entzieht, dürfen wir ihn als einen (Wesens-)Verwandten ansprechen.

»**Dein Name werde geheiligt.**« Diese Erinnerung an das mosaische Gebot, den Namen des Herrn nicht zu missbrauchen, warnt davor, das von Gott angebotene Vertrauensverhältnis für eigene oder für falsche Zwecke zu benutzen. Trotz der Du-Anrede begegnen wir Gott nicht auf Augenhöhe, sondern in Ehrfurcht. Beim Sprechen dieses Satzes kann man sich während des Betens noch einmal seiner innigen Konzentration auf das Gespräch mit Gott vergewissern.

»**Dein Reich komme.**« Damit erkennen wir die absolute Herrschaft Gottes an. Keine andere Macht, kein anderer Mensch, keine andere Institution kann maßgeblicher für uns sein. Die Bitte umschließt den Wunsch, dass die

Kennzeichen von Gottes Herrschaft auch unser Leben bestimmen: Gerechtigkeit, Friedfertigkeit, Sanftmut, Barmherzigkeit – die Werte, die uns auch in den Seligpreisungen begegnen. Das »Kommen« ist bewusst nicht weiter bestimmt. Es ist einerseits ein beständiges Kommen gemeint im Sinne einer stetigen Verwirklichung, es ist andererseits auch ein baldiges Kommen gemeint – nämlich das eines neuen Zeitalters der Gottesnähe.

»Dein Wille geschehe wie im Himmel so auf Erden.« Natürlich müssen wir Gott nicht daran erinnern, seinen Willen umzusetzen – diese Bitte zielt vielmehr auf uns: Für das, was auf Erden geschieht, sind wir verantwortlich. Wir sind frei in unseren Entscheidungen, auch wenn wir als Gottes Geschöpfe in seiner Schöpfung handeln. Diese Bitte des Vaterunsers formuliert die Hoffnung, dass wir Gottes Willen erkennen und uns danach richten. »Doch nicht wie ich will, sondern wie du willst«, betete auch Jesus im Garten Gethsemane (Mt 26,39) vor seiner Festnahme. Soweit wir Gottes Willen erkennen und danach handeln, schaffen wir schon hier auf Erden ein Stück Himmel.

»Unser tägliches Brot gib uns heute.« In dieser Bitte steht das Brot für alles, was wir zum Leben brauchen. Hier sind alle menschlichen Nöte und Bedürfnisse aufgehoben, seien es unsere eigenen oder die unserer Nächsten. Denn es heißt »unser Brot«, nicht »mein Brot«. Wenn man aber nun beim Sprechen dieser Worte versucht, auch nur die wichtigsten eigenen Sorgen und die aus dem Familienkreis einzuschließen, dann wird man schnell feststellen: Der Satz ist eigentlich viel zu kurz. Tatsächlich aber haben wir dann mit unseren Sorgen wohl zu weit ausgeholt. Es heißt ja nicht: »Mache uns immer satt«, sondern es geht nur um den heutigen Tag. »Darum sorgt nicht für morgen«, sagt Jesus, »denn der morgige Tag wird für das Seine sorgen. Es ist genug, dass jeder Tag seine eigene Plage hat« (Mt 6,34). Dies ist keine Aufforderung zur Sorglosigkeit, sondern eine Einladung zum Gottvertrauen und gleichzeitig eine Mahnung, sich vor Gott stets als bedürftig zu fühlen. Nur wer sich seiner Armut bewusst ist, kann diese Vaterunser-Bitte ehrlich vortragen.

»Und vergib uns unsere Schuld, wie auch wir vergeben unsern Schuldigern.« Eine für das paulinische und lutherische Glaubensverständnis zentrale Bitte: Nur durch Gottes Gnade können wir gerechtfertigt werden, nicht durch unsere Taten. Um dieser Gnade würdig zu sein, müssen wir unseren Mitmenschen ebenfalls in der Haltung der Vergebung und nicht der Vergeltung begegnen. Diese Bitte ist eine gute Gelegenheit, über die

Menschen nachzudenken, mit denen man nicht ganz im Reinen ist. Das gedankliche Vergeben fällt da nicht immer leicht. Der Vaterunser-Satz erinnert daran, dass wir durch Gottes Vergebung ja eine mindestens genau so große Gnade empfangen. Auch hier gilt: Gottesliebe und Nächstenliebe gehören zusammen. Nur in einem versöhnten Zustand können wir Gottes Nähe suchen:

> *»Darum: wenn du deine Gabe auf dem Altar opferst und dort kommt dir in den Sinn, dass dein Bruder etwas gegen dich hat, so lass dort vor dem Altar deine Gabe und geh zuerst hin und versöhne dich mit deinem Bruder und dann komm und opfere deine Gabe«* (Mt 5,23f.).

Das Wort »Schuld« ist hier nicht als Verpflichtung gemeint, sondern gleichbedeutend mit »Sünde« – auch wenn im matthäischen Original tatsächlich »ὀφειλήματα« steht. Bei Lukas finden wir den passenderen Ausdruck »ἁμαρτία«; im Zusammenhang übersetzt: »… und vergib uns unsre Sünden; denn auch wir vergeben allen, die an uns schuldig werden« (Lk 11,4). Den Unterschied zwischen Schuld und Sünde werden wir in Abschnitt 34 genauer betrachten.

»Und führe uns nicht in Versuchung …« Wir sind leicht beeinflussbar und verführbar. Das macht sich besonders bemerkbar, wenn wir Gottes Willen folgen wollen, denn das ist selten der bequemste Weg, fast nie der Weg des geringsten Widerstands. Zudem ist unsere Beeinflussbarkeit eine wesentliche Säule unseres Wirtschaftssystems. Das Wohlstandsniveau in den westlichen Industrienationen gründet darauf, dass wir erheblich mehr konsumieren, als wir eigentlich brauchen. Vor diesem Hintergrund ist diese Bitte um Widerstandskraft »auch eine Erinnerung, immer dann ›Nein‹ zu sagen, wenn ein Mensch allzu schnell zu einem einfachen ›Ja‹ verführt« werden soll (Käßmann 2010a, 70).

In der Exegese dieses Satzes wird darüber gestritten, ob uns Gott überhaupt in Versuchung führen kann oder ob man nicht besser sagen müsste: »Hilf uns in der Versuchung!« Die Kritiker des originalen Wortlauts (z. B. Schnackenburg, 66) können sich unter anderem auf eine Aussage im Jakobusbrief berufen:

»Niemand sage, wenn er versucht wird, dass er von Gott versucht werde. Denn Gott kann nicht versucht werden zum Bösen, und er selbst versucht niemand. Sondern ein jeder, der versucht wird, wird von seinen eigenen Begierden gereizt und gelockt« (Jak 1,13f.).

Der scheinbare Widerspruch löst sich auf, wenn man an die Versuchungen Jesu in der Wüste denkt. Nach der Taufe, so heißt es im Markusevangelium, »trieb ihn der Geist in die Wüste und er war in der Wüste vierzig Tage und wurde versucht von dem Satan« (Mk 1,12f.). Die Versuchungen waren also ein Bestandteil seines Auftrags. Für sein Menschsein war es unumgänglich, dass er auch einen anderen Weg hätte gehen können als den des sündlosen Christus: »Jesus muss – das gehört zum Kern seiner Sendung – in das Drama der menschlichen Existenz hineintreten, es bis in seine letzten Tiefen durchschreiten« (Ratzinger 2007, 55).

In der Logienquelle, aus der Matthäus und Lukas schöpften (siehe Abschnitt 14) und die Jesu Tod zwar voraussetzt, aber nicht beschreibt, hat die Geschichte von den Versuchungen theologisch sogar die gleiche Funktion wie die Passion in den vier kanonischen Evangelien (Schnelle 2007b, 354).

Auch für uns sind Versuchungen die Chance, unsere Gottesliebe und unseren Glauben an die Richtigkeit seines Willens zu beweisen. Insofern sind die Versuchungen durchaus gottgewollt. In der Vaterunser-Sentenz ist dieser Gedanke mit der Bitte um Kraft, der Versuchung zu widerstehen, verkürzt zusammengezogen.

»… sondern erlöse uns von dem Bösen.« Dieser Zusatz findet sich nicht bei Lukas, weshalb allgemein angenommen wird, dass es sich dabei nicht um ein originäres Jesuswort handelt. Doch selbst wenn diese Bitte in einer späteren Redaktionsschicht dazukam, passt sie doch perfekt an das Ende des Vaterunsers. Das Böse steht für alles, was nicht von Gott kommt und deshalb nicht gut ist. Gewissermaßen fasst diese Bitte alle vorhergehenden zusammen.

Die frühere Übersetzung »erlöse uns von dem Übel« konnte auch dahingehend missverstanden werden, dass es hier um sämtliche Missstände des menschlichen Lebens geht, auch um Krankheit und Tod. Aber der Fokus liegt auf dem von Menschen selbst zu verantwortenden Bösen, unter dem andere Menschen leiden: Hunger, Freiheitsberaubung, Vertreibung, Unterdrückung, Gewalt, Krieg. »Erlöse uns von dem Bösen« heißt dann auch

»Befreie uns von diesen ungerechten Herrschern« – und ist eine hochpolitische Bitte.

»**Denn dein ist das Reich und die Kraft und die Herrlichkeit in Ewigkeit. Amen.**« Diese abschließende Bestätigung enthält das Bekenntnis zu Gottes Willen als herrschendem Prinzip für unser Handeln und Glauben (»Reich«), das Bekenntnis zu Gott als die alles bestimmende Wirklichkeit (»Kraft«, »Ewigkeit«) und die Hoffnung auf eine durch nichts getrübte Nähe zu Gott (»Herrlichkeit«). Das aus dem Hebräischen stammende »Amen« (»So ist es«) bekräftigt noch einmal das Gesagte – und birgt zugleich einen die drei monotheistischen Religionen vereinenden Aspekt: Das Wort ist ebenso in der jüdischen und islamischen Liturgie geläufig.

WANN SÜNDIGE ICH?

Während im Alten Testament verschiedene hebräische Begriffe mit verwandten, aber unterschiedlichen Bedeutungen als »Sünde« übersetzt werden, liegt der »Sünde« im Neuen Testament überwiegend der griechische Ausdruck »ἁμαρτία« zugrunde. Er geht auf das Verb »ἁμαρτάνω« zurück, und dies bedeutet im Wortsinn »das Ziel verfehlen«, im weiteren Sinn auch »sich verirren«, »vom Weg abkommen«. Darauf aufbauend lässt sich »Sünde« verstehen als ein Abweichen von Gottes Willen, ein Verlassen des von ihm vorgezeichneten Weges, ein Verfehlen unserer göttlichen Lebensbestimmung. Da dies die Liebe ist, kann man Sünde deshalb auch verstehen als »Verfehlung der Liebe« (Härle 2007, 466).

Dabei bleibt ganz bewusst offen, ob die Verfehlung absichtslos oder vorsätzlich, tragisch oder schuldhaft war. Sünde bleibt Sünde – unabhängig von der Absicht des Handelnden. Paulus hat dies im Römerbrief so formuliert:

»Denn das Gute, das ich will, das tue ich nicht; sondern das Böse, das ich nicht will, das tue ich. Wenn ich aber tue, was ich nicht will, so tue nicht ich es, sondern die Sünde, die in mir wohnt« (Röm 7,19f.). Sünde ist etwas anderes als Schuld. Letzteres ist eine Verpflichtung materieller oder moralischer Art, die (noch) nicht eingelöst wurde und die an einen oder mehrere Verursacher gebunden ist. Welche Schuld wir vor Gott haben, können wir nicht wissen, weil das Ausmaß seiner Gnade, seiner Vergebungsbereitschaft uns verschlossen bleibt.

Es bleibt die Frage: Woher kommt die Sünde? Man hat sich die Sünde lange Zeit als eine eigene Macht vorgestellt, die vom Menschen Besitz ergreift.

Dieses Motiv zieht sich durch viele Schriften des Alten und Neuen Testaments, da ist vom Teufel, von Dämonen oder vom Bösen die Rede. Wie wir in Abschnitt 35 sehen werden, haben diese für uns heute ohnehin schwer nachvollziehbaren Bilder letztlich gar keinen theoretischen Erklärungswert. Sünde als Verfehlung der Liebe entsteht vielmehr dort, wo Selbstbezüglichkeit Denken und Handeln bestimmt.

Wenn die Selbstliebe die Nächsten- oder Gottesliebe überwiegt und damit die in den höchsten beiden Geboten geforderte Balance verlassen wird, gewinnt die Sünde Raum. Wir haben die Freiheit, unsere Liebe so zu verteilen, wie wir wollen. Hätten wir diese Möglichkeit der Entscheidung nicht, wären wir gar nicht wirklich liebesfähig, sondern würden nur einem festgelegten Programm folgen. Die Möglichkeit der Sünde ist der Preis für diese Freiheit.

Wer seine Liebe so verteilt, dass er sich selbst mehr als alles andere liebt, reduziert Menschen und Umwelt auf Mittel zum eigenen Zweck. Der Egoismus sieht in allem nur Instrumente für die selbstgesteckten Ziele. Diese Selbstbezüglichkeit ist eine Haltung, die sich nicht unbedingt an Taten festmacht, wie Jesu Beispielerzählung vom Pharisäer und vom Zöllner im Tempel zeigt:

> »*Der Pharisäer stellte sich hin und sprach leise dieses Gebet: Gott, ich danke dir, dass ich nicht wie die anderen Menschen bin, die Räuber, Betrüger, Ehebrecher oder auch wie dieser Zöllner dort. Ich faste zweimal in der Woche und gebe dem Tempel den zehnten Teil meines ganzen Einkommens. Der Zöllner aber blieb ganz hinten stehen und wagte nicht einmal, seine Augen zum Himmel zu erhe-*

ben, sondern schlug sich an die Brust und betete: Gott, sei mir
Sünder gnädig! Ich sage euch: Dieser kehrte als Gerechter nach
Hause zurück, der andere nicht. Denn wer sich selbst erhöht, wird
erniedrigt, wer sich aber selbst erniedrigt, wird erhöht werden« (Lk
18,11–14).

Der Pharisäer ist sich keiner Sünde bewusst – und gerade darin liegt seine Überheblichkeit, in der er den Zöllner nur noch als ungeliebten Geldeintreiber und nicht als Mitmenschen wahrnimmt. Der Zöllner dagegen zeigt Demut und bittet um Gnade. Damit verhält er sich genau so, wie es für uns Sünder angemessen ist: Wenn durch die Sünde die Liebesbalance verlassen wird, ist auch unser Verhältnis zu Gott gestört. Die Einsicht unserer Fehlerhaftigkeit und die Bitte um Wiederherstellung einer ungestörten Beziehung sind die beiden Voraussetzungen für eine Versöhnung mit Gott, eine »Vergebung der Sünden«, die aber letztlich nur von Gott selbst kommen kann.

GIBT ES DEN TEUFEL?

Der 35. Kilometer ist bei Marathonläufern gefürchtet: Hier enden meist die leicht verfügbaren Energiereserven, und der Stoffwechsel muss sich von gemischter Kohlenhydrat-/Fett- auf reine Fettverbrennung umstellen. Dieser Übergang ist oft mit einem plötzlichen und heftigen Erschöpfungszustand verbunden, der sich im Idealfall nach wenigen Kilometern wieder auflöst. Läufer sprechen deshalb vom »Hammermann«, der an Kilometer 35 auf sie wartet. In dieser metaphorischen Sprechweise wird der physische Vorgang entäußerlicht, griffig personifiziert und kann leichter mit anderen Leidensgenossen geteilt werden.

Ganz ähnlich verhält es sich mit dem Teufel. Die Vorstellung, dass die Sünde als Preis der Entscheidungsfreiheit im Menschen selbst geboren wird, war schon immer schwerer erträglich als die Vorstellung eines personifizierten Bösen, das die Menschen verführt. So wurde aus dem Bösen der Böse. Theologisch ist der Teufel allerdings genau so wertlos wie der Hammermann für die Trainingslehre. Er erklärt nichts – und wirft nur unbefriedigend lösbare Fragen auf.

Zuallererst diese: Woher kommt der Teufel? Ist er eine gleichstarke Gegenmacht zu Gott? Dann widerspricht dieser Teufel dem monotheistischen Begriff von Gott als alles bestimmender Wirklichkeit. Ist er ein gefallener Engel, wie es die (nicht biblische) Legende von Luzifer nahelegt? Dann ist – abgesehen von der Problematik einer Klärung von Engel-Existenzen (siehe Abschnitt 37) – die Frage nach dem Ursprung des Bösen nur verlagert: Welche Macht hat denn diesen Engel ergriffen?

Ein weiteres Argument gegen die Annahme eines Teufels ist die Tatsache, dass er die Sündhaftigkeit des Menschen in Wirklichkeit gar nicht verständlicher macht.

Soll der Teufel den Menschen entlasten, indem er die Sünde als Folge einer Verführung begreiflich macht? Eine solche Absicht übersieht, dass die Verführbarkeit mit zur Sünde gehört, wie schon die Geschichte über den ersten Sündenfall in der Bibel deutlich macht: Die Schlange als ursprünglicher Verführer wird bestraft, aber auch die Verführten Eva und Adam – Letzterer mit den Worten: »Weil du gehorcht hast der Stimme deiner Frau und gegessen von dem Baum, von dem ich dir gebot und sprach: Du sollst nicht davon essen –, verflucht sei der Acker um deinetwillen!« (Gen 3,17). Zum Sündenfall gehörte also nicht nur die Überschreitung des Verbots, sondern auch das Einwilligen in die Verführung.

Dennoch können uns die zwei wichtigsten biblischen Erzählungen über teuflische Verführungen die Entstehung der Sünde psychologisch näherbringen.

Bleiben wir zunächst beim ersten Sündenfall. Die Schlange verschafft sich bei Eva Gehör, indem sie Misstrauen zu Gott sät und ihn der Lüge bezichtigt: »Ihr werdet keineswegs des Todes sterben«, beschreibt sie die Folgen des Essens vom verbotenen Baum, »sondern Gott weiß: an dem Tage, da ihr davon esst, werden eure Augen aufgetan, und ihr werdet sein wie Gott und wissen, was gut und böse ist« (Gen 3,4f.).

Wir erinnern uns: Das Urvertrauen führte uns in den ersten Abschnitten zu Gott. Nun ist es das Misstrauen, das nach der biblischen Erzählung die Menschen erstmals von Gott entfernt und aus dem Paradies treibt. Misstrauen schafft Distanz zu Gott, aber auch von unseren Mitmenschen und verschiebt so die Balance im Liebesdreieck Gott – Nächster – Ich.

Das Misstrauen spielt auch eine große Rolle bei den Versuchungen Jesu in der Wüste. Der Teufel nähert sich Jesus dort nicht mit auf den ersten Blick verwerflichen Argumenten und Versprechungen. Ganz im Gegenteil: Er wählt geradezu eine moralische Verkleidung, um Jesus von seinem Weg abzubringen.

In der ersten Versuchung legt der Teufel Jesus nahe, die Steine in der Wüste zu Brot zu machen, um so den Hunger in der Welt zu stillen (Mt 4,3).[18]

In der zweiten Versuchung nach der matthäischen Version[19] führt der Teufel Jesus gedanklich auf die Zinne des Jerusalemer Tempels und empfiehlt ihm, sich von dort hinabzustürzen, um mit seiner Unversehrtheit seine Sendung deutlich zu machen (Mt 4,5f.). Auch dies ein durchaus nachvollziehbares Ansinnen, das Jesu möglicherweise schnell berühmt gemacht und für eine große Anhängerschaft gesorgt hätte.

In der dritten Versuchung schließlich bietet der Teufel Jesus die Herrschaft über alle Reiche der Welt an (Mt 4,8f.) – eine verlockende Abkürzung zur vollständigen Verwirklichung der Herrschaft Gottes auf Erden.

Die Taktik des Teufels ist also nicht von vornherein als abgründig zu erkennen. Der Kern seiner Verführungsversuche ist »das Beiseiteschieben Gottes« (Ratzinger 2007, 57), das Säen von Misstrauen gegen Gottes Willen. Und das durchaus mit rational oder ethisch begründeten Argumenten. Dieser Gedanke schimmert schon in den Stellen des Alten Testaments durch, in denen der Satan – der hebräischen Wortbedeutung dieses Ausdrucks entsprechend – als rigoroser Chefankläger vor Gott auftritt und in dieser Rolle als vermeintlicher Hüter der Gerechtigkeit zu seinem Gegner

---

18. Nicht so bei Lukas, wo der Teufel nur von einem einzigen Stein spricht und sich so ausschließlich auf Jesu Hunger nach 40 Tagen Fastenzeit bezieht (Lk 4,3).

19. Bei Lukas sind die Versuchungen zwei und drei getauscht. Damit opfert er, typisch für sein Evangelium, die dramaturgische Steigerung einer stringenten Erzähllogik (Versuchung eins und zwei in der Wüste, Versuchung drei in Jerusalem).

wird (Hi 1,6-12; Ps 109,6; Sach 3,1f.). Am deutlichsten wird dies in der Geschichte von Hiob, dessen große Frömmigkeit Satan misstrauisch auf seinen Wohlstand zurückführt und Gott durch diesen Zweifel ein grausames Experiment abringt (siehe auch Kapitel 36).

Wir können daraus lernen, dass sich die Sünde gerne eine rationale Verkleidung sucht. Umso mehr sollten wir dem christlichen Liebesgebot vertrauen – und beispielsweise immer dann skeptisch werden, wenn Krieg und Leid, Gewalt und Unterdrückung mit Sachzwängen oder gar mit guten Absichten begründet werden. Der Teufel ist der Hammermann unserer Vernunft: Er schlägt zu, wenn uns der Weg der Wahrheit zu anstrengend wird.

VERPFLEGUNGSSTATION 5

DIE PSALMEN –
GEBETE MIT
POETISCHER KRAFT

Das Buch der Psalmen enthält 150 poetische Texte, die in einem Zeitraum von rund 800 Jahren für gottesdienstliche Zwecke entstanden sind. Ihrer Form nach sind die Psalmen Lieder, ihrem Inhalt nach Gebete. Man kann sie unterteilen in Klage- und Bittpsalmen einerseits, Dank- und Lobpsalmen andererseits. Eine weitere Unterscheidung, die quer zu dieser inhaltlichen verläuft, ist die in kollektive Psalmen, bei denen es um die ganze Gemeinde oder das gesamte Volk Israel geht, und in individuelle Psalmen, in denen das Schicksal des einzelnen Beters thematisiert wird. Diese letztgenannte Gruppe von Texten eignet sich besonders gut für die persönliche Zwiesprache mit Gott, weil sie die gesamte Bandbreite möglicher menschlicher Grunderfahrungen in Worte fassen.

Im Jakobusbrief heißt es zwar: »Leidet jemand unter euch, der bete; ist jemand guten Mutes, der singe Psalmen« (Jak 5,13). Doch eigentlich müsste die Empfehlung genau andersherum lauten, weil der Trost in den Psalmen schon angelegt ist. Denn gegenüber einem klassischen, freien Gebet ist die lyrische Dynamik der Sprachbewegung kennzeichnend für die Psalmen, die den Betenden auf eine andere Stufe hebt. So kann zum Beispiel ein Klagepsalm den Leidenden, an Gott Zweifelnden über die bildhafte Kraft des Wortes und der lyrischen Form zum Lob Gottes führen. Ein plastisches Beispiel dafür ist der Psalm 22, den nach Markus- und Matthäusevangelium auch Jesus am Kreuz zitierte (Mk 15,34; Mt 27,46) und den wir hier gekürzt wiedergeben:

>*»Mein Gott, mein Gott, warum hast du mich verlassen? Ich schreie, aber meine Hilfe ist ferne.*

Mein Gott, des Tages rufe ich, doch antwortest du nicht, und des Nachts, doch finde ich keine Ruhe.

Du aber bist heilig, der du thronst über den Lobgesängen Israels.

Unsere Väter hofften auf dich; und da sie hofften, halfst du ihnen heraus.

Zu dir schrien sie und wurden errettet, sie hofften auf dich und wurden nicht zuschanden.

Ich aber bin ein Wurm und kein Mensch, ein Spott der Leute und verachtet vom Volke. (…)

Sei nicht ferne von mir, denn Angst ist nahe; denn es ist hier kein Helfer.

Gewaltige Stiere haben mich umgeben, mächtige Büffel haben mich umringt.

Ihren Rachen sperren sie gegen mich auf wie ein brüllender und reißender Löwe. (…)

Denn Hunde haben mich umgeben, und der Bösen Rotte hat mich umringt; sie haben meine Hände und Füße durchgraben.

Ich kann alle meine Knochen zählen; sie aber schauen zu und sehen auf mich herab.

Sie teilen meine Kleider unter sich und werfen das Los um mein Gewand.

Aber du, HERR, sei nicht ferne; meine Stärke, eile, mir zu helfen!

Errette meine Seele vom Schwert, mein Leben von den Hunden!

Hilf mir aus dem Rachen des Löwen

und vor den Hörnern wilder Stiere – du hast mich erhört!

Ich will deinen Namen kundtun meinen Brüdern, ich will dich in der Gemeinde rühmen:

Rühmet den HERRN, die ihr ihn fürchtet; ehret ihn, ihr alle vom Hause Jakob, und vor ihm scheuet euch, ihr alle vom Hause Israel!

Denn er hat nicht verachtet noch verschmäht das Elend des Armen und sein Antlitz vor ihm nicht verborgen; und als er zu ihm schrie, hörte er's.

Dich will ich preisen in der großen Gemeinde, ich will mein Gelübde erfüllen vor denen, die ihn fürchten« (Ps 22,2–7.12–14.17–26).

Aus der Gottverlassenheit, die hier paradoxerweise an Gott adressiert wird, führt das Gebet zur Erfahrung von Gottes Hilfe und zu seinem Lobpreis.

Oft bilden benachbarte Psalmen ein Gefüge, das die Sprachbewegung noch erweitert oder vertieft. So ist es auch in diesem Fall, wo der folgende Psalm 23 das Gefühl der Rettung noch einmal feiert und mit einer Zeile kurz auf die überwundene Trübsal zurückblickt:

>*Der HERR ist mein Hirte, mir wird nichts mangeln.*
Er weidet mich auf einer grünen Aue und führet mich zum frischen Wasser.
Er erquicket meine Seele. Er führet mich auf rechter Straße um seines Namens willen.
Und ob ich schon wanderte im finstern Tal, fürchte ich kein Unglück; denn du bist bei mir, dein Stecken und Stab trösten mich.
Du bereitest vor mir einen Tisch im Angesicht meiner Feinde. Du salbest mein Haupt mit Öl und schenkest mir voll ein.
Gutes und Barmherzigkeit werden mir folgen mein Leben lang, und ich werde bleiben im Hause des HERRN immerdar< (Ps 23,1–6).

Es sind aber nicht nur außerordentliche Gefühlszustände wie Klage und Lob, die die Psalmen thematisieren. In Psalm 131 zum Beispiel ist der Betende im Bewusstsein der Geborgenheit in Gott ganz zu sich gekommen:

>*HERR, mein Herz ist nicht hoffärtig, und meine Augen sind nicht stolz. Ich gehe nicht um mit großen Dingen, die mir zu wunderbar sind. Fürwahr, meine Seele ist still und ruhig geworden wie ein kleines Kind bei seiner Mutter; wie ein kleines Kind, so ist meine Seele in mir*< (Ps 131,1f.).

Für andere Psalmen ist nicht die Emotion charakteristisch, sondern die theologische Reflexion. Ein schönes Beispiel dafür ist der Psalm 139, in dem sich der Betende geradezu ängstlich der Allgegenwart Gottes bewusst wird, diese dann aber doch zu seinem Heil zu deuten weiß:

>*Herr, du erforschest mich und kennest mich.*
Ich sitze oder stehe auf, so weißt du es; du verstehst meine Gedanken von ferne.
Ich gehe oder liege, so bist du um mich und siehst alle meine Wege.

Denn siehe, es ist kein Wort auf meiner Zunge, das du, Herr, nicht schon wüsstest.

Von allen Seiten umgibst du mich und hältst deine Hand über mir.

Diese Erkenntnis ist mir zu wunderbar und zu hoch, ich kann sie nicht begreifen.

Wohin soll ich gehen vor deinem Geist, und wohin soll ich fliehen vor deinem Angesicht? (…)

Spräche ich: Finsternis möge mich decken und Nacht statt Licht um mich sein –,

so wäre auch Finsternis nicht finster bei dir, und die Nacht leuchtete wie der Tag. Finsternis ist wie das Licht.

Denn du hast meine Nieren bereitet und hast mich gebildet im Mutterleibe.

Ich danke dir dafür, dass ich wunderbar gemacht bin;
wunderbar sind deine Werke; das erkennt meine Seele.

Es war dir mein Gebein nicht verborgen, als ich im Verborgenen gemacht wurde, als ich gebildet wurde unten in der Erde.

Deine Augen sahen mich, als ich noch nicht bereitet war,
und alle Tage waren in dein Buch geschrieben, die noch werden sollten und von denen keiner da war.

Aber wie schwer sind für mich, Gott, deine Gedanken! Wie ist ihre Summe so groß!

Wollte ich sie zählen, so wären sie mehr als der Sand: Am Ende bin ich noch immer bei dir. (…)

Erforsche mich, Gott, und erkenne mein Herz; prüfe mich und erkenne, wie ich's meine.

Und sieh, ob ich auf bösem Wege bin, und leite mich auf ewigem Wege« (Ps 139,1–7.11–18.23f.).

Das Gott-, Menschen- und Weltverständnis der Psalmen war auch für die frühen Judenchristen prägend. Die Evangelien spiegeln das wider. Ein Drittel aller Schriftzitate aus dem Neuen Testament beziehen sich auf das Buch der Psalmen. Am meisten macht der Autor des Markusevangeliums davon Gebrauch.

In seinem Passionsbericht (Mk 14,1–16,8) zitiert er an neun Stellen aus acht verschiedenen Psalmen oder spielt auf sie an (vgl. B. Janowski, 104f.). Dieser Befund ist nicht nur aus textkritischer Sicht bedeutend. Er zeigt auch, dass die Botschaft der Evangelien in der alttestamentlichen Sprach- und Gedankenwelt ausdrückbar ist. Insofern kommt dem Buch der Psalmen, das in der Hebräischen Bibel »Buch der Gesänge« oder »Buch der Lobgesänge« heißt, eine ganz besondere, gemeinschaftsstiftende Bedeutung zu: »Durch das Beten der Psalmen bleiben Christen und Juden geeint im Glauben an die helfende und rettende Macht des einen gemeinsamen Gottes« (Stuttgarter Erklärungsbibel, 667).

WIE KOMMT DAS BÖSE IN DIE WELT?

In den letzten beiden Abschnitten ging es darum, wie die Sünde in unser Leben tritt. Nun wollen wir von einem allgemeineren Standpunkt aus fragen, warum die Welt von einem allmächtigen und gütigen Gott nicht so geschaffen wurde, dass es prinzipiell nur Gutes und kein Übel – keine Sünde und kein Leid – gibt. Diese Frage wird seit Gottfried Wilhelm Leibniz das Theodizee-Problem genannt, das Problem der Rechtfertigung Gottes. Klar formuliert wurde es allerdings schon im dritten vorchristlichen Jahrhundert, wohl von einem griechischen Philosophen aus der Schule der akademischen Skepsis:

»Entweder will Gott die Übel beseitigen und kann es nicht, oder er kann es und will es nicht, oder er kann es nicht und will es nicht, oder er kann es und will es. Wenn er nun will und nicht kann, so ist er schwach, was auf Gott nicht zutrifft. Wenn er kann und nicht will, dann ist er missgünstig, was ebenfalls Gott fremd ist. Wenn er nicht will und nicht kann, dann ist er sowohl missgünstig als auch schwach und dann auch nicht Gott. Wenn er es aber will und kann, was allein

139

sich für Gott ziemt, woher kommen dann die Übel, und warum nimmt er sie nicht weg?«[20]

Das hier beschriebene Paradox entsteht nur, wenn man von einem Gott ausgeht, der zugleich allmächtig, allwissend und liebend ist. Schränkt man eine dieser Eigenschaften ein, lässt sich das Problem lösen. Aber dieser Ausweg steht uns nicht offen: Wir haben Gott als alles bestimmende Wirklichkeit definiert – also allwissend und allmächtig – und als sein Wesen die Liebe erkannt. Führt der christliche Gottesbegriff also zu einem Widerspruch?

Schauen wir uns die Übel, um die es geht, noch einmal genauer an. Leibniz hat sie 1710 in einer heute noch oft gebräuchlichen Unterscheidung in drei Kategorien differenziert (Leibniz, 240f.): Das *metaphysische* Übel besteht in der Endlichkeit aller Schöpfung, einschließlich des Menschen selbst. Das *physische* Übel umfasst das körperliche und seelische Leiden – Schmerz, Krankheit, Qual, Unglück aller Art –, sei es vom Menschen selbst ausgelöst, sei es als Folge von Naturkatastrophen. Das *moralische* Übel schließlich ist die Sündfähigkeit des Menschen und seine Bereitschaft zum ethischen Fehlverhalten.

Weder das metaphysische noch das moralische Übel verursachen das Paradox. Dass die Schöpfung weniger vollkommen sein muss als der Schöpfer selbst, ist leicht einzusehen. Ansonsten könnten wir zwischen Schöpfung und Schöpfer nicht mehr unterscheiden. Auch die Möglichkeit zum moralischen Fehlverhalten stellt uns nicht vor theoretische Probleme – sie ist der Preis der Handlungsfreiheit, mit der uns Gott ausgestattet hat: »Eine Einschränkung der Möglichkeit zum Bösen ist nur denkbar als gleichzeitige Einschränkung der Freiheit zum Guten« (Härle 2007, 449).

Alle Versuche jedoch, auch das physische Übel bruchlos in ein christliches Gottesbild einzupassen, sind zum Scheitern verurteilt. Erklärungsansätze, die im Leid eine Möglichkeit der Bewährung und der persönlichen Reifung sehen, mag man spätestens seit dem Holocaust auch nicht weiterdenken. Selbst Leibniz' Vorschlag, dass unsere Welt immerhin die »beste aller möglichen« sei, hat für uns heute kaum noch Überzeugungskraft. Wir müssen zugeben: Es gibt keine theoretische Lösung des Theodizee-Problems.

---

20. Zur Urheberschaft des seit Kirchenvater Laktanz bis in die Neuzeit oft fälschlicherweise Epikur zugeschriebenen Zitats vgl. Glei.

Stürzt unser christliches Gedankengebäude nun ein? Stellen wir kurz vor Erreichen der vollen Distanz fest, dass wir einer Sackgasse gefolgt sind? – Nein, das ist nicht der Fall. Dass wir das Übel nicht mit den Mitteln unseres Verstandes in Gottes Willen verorten können, spricht nicht gegen einen allmächtigen und liebenden Gott. Ein Verzicht auf Gott macht das Problem nämlich noch schlimmer. Dann geht die Anklage auf uns Menschen über, die Theodizee wird zur »Anthropodizee« (vgl. Marquard, 81). Und aus rein menschlicher Sicht ist es erst recht unmöglich, die *Notwendigkeit* des Übels zu erklären. Ohne Gottesglaube bleibt uns gar nichts anderes übrig, als das Übel zu einer alltäglichen Banalität herunterzuspielen, mit der man sich abfinden muss. Wie bei der ersten Weggabelung unseres Marathons gleich am Anfang bei der Sinnfrage stoßen wir auch hier wieder auf den nihilistischen Standpunkt, dessen Konsequenz Albert Camus in seinem Roman »Der Fall« treffend auf den Punkt brachte: »Warten Sie nicht auf das Jüngste Gericht: es findet alle Tage statt« (Camus 1957, 117).

Im christlichen Glauben dagegen folgt aus der Unbeantwortbarkeit der Theodizee-Frage keineswegs die Verharmlosung und Banalisierung des Übels. Er findet sich zwar damit ab, dass der menschliche Verstand darauf – wie auf viele andere Fragen grundsätzlicher Natur – keine Antwort weiß, vertraut aber darauf, dass Gott eine geben kann. Vor allem bietet der christliche Glaube dem Leidenden eine tröstliche Botschaft: Gott ist bei dir!

Diese tröstliche Gewissheit ist die vielleicht wichtigste Botschaft des Kreuzestodes Jesu: Hier hat die menschliche Selbstoffenbarung Gottes das denkbar größte Leiden auf sich genommen. Auf diese Weise hat sich Gott mit allen Leidenden aller Zeiten solidarisiert. Hans Küng schreibt dazu:

> *Jesu »langsames Dahinsterben am Kreuz hat, wie mir eine amerikanische Jüdin einmal erklärte, die dreifache furchtbare Erfahrung der Opfer des Holocaust vorausgenommen: nämlich jene alles durchdringende Erfahrung, dass man von allen Menschen verlassen ist, dass man sogar des Menschseins beraubt wird, ja, dass man auch von Gott selbst verlassen werden kann« (Küng 2009, 248).*

»Mein Gott, mein Gott, warum hast du mich verlassen?«, waren Jesu letzte Worte am Kreuz (Mk 15,34). Sein Erleben als Mensch war damit noch er-

schütternder als das Schicksal des frommen Hiob, der in der alttestamentlichen Legende bekanntlich alles verliert, was ihn vermögend machte: seinen
Besitz, seine zehn Kinder, schließlich sogar die Gesundheit. Weil er aber in
seinem Glauben unerschütterlich bleibt – seiner zweifelnden Frau sagt er:
»Haben wir Gutes empfangen von Gott und sollten das Böse nicht auch
annehmen?« (Hi 2,10) –, bekommt er von Gott schließlich alles doppelt
wieder. Über sein Ende heißt es: »Und Hiob starb alt und lebenssatt« (Hi
42,17).

Jesu Kreuzestod in Verbindung mit dem Ostergeschehen zeigt den Gläubigen, dass sie den Ausgleich für das Leid nicht unbedingt im irdischen
Leben erwarten können, aber dass Gott ihnen dennoch eine Hoffnung geben
kann (siehe dazu Abschnitt 41). Den Trost, dass Gott mit uns im Leiden ist,
hat Dietrich Bonhoeffer zum Jahreswechsel 1942/43 in seinem persönlichen
Glaubensbekenntnis eindrucksvoll formuliert:

> *»Ich glaube, dass Gott uns in jeder Notlage so viel Widerstandskraft*
> *geben will, wie wir brauchen. Aber er gibt sie nicht im Voraus, damit*
> *wir uns nicht auf uns selbst, sondern allein auf ihn verlassen. In sol-*
> *chem Glauben müsste alle Angst vor der Zukunft überwunden sein«*
> *(Bonhoeffer 1942, 222f.).*

GIBT ES ENGEL?

Wahrscheinlich sind Engel die spirituellen Erscheinungen mit dem höchsten Sympathiewert. Aber längst nicht jeder, der einen kleinen Bronzeengel
als Schutzsymbol mit sich führt oder ein Engel-Mobile über dem Bett seines
Babys kreisen lässt, steht fest im christlichen Glauben oder würde sich gar
ein Kruzifix an die Wand hängen. Wolfgang Huber klagte mal:

»In Deutschland glauben heute mehr Menschen an Engel als an Gott.
Sie wollen ein Gefühl des Behütetseins haben, aber nicht dabei gefor-
dert sein. Sie wollen bewahrt sein, aber nicht zu Rechenschaft ver-
pflichtet« (Huber 2007, 9).

Selbst Atheisten freuen sich über einen »gelben Engel«, wenn sie auf der
Autobahn liegengeblieben sind, und den »blauen Engel« – vom Volksmund
»Umweltengel« getauft – schätzt jeder Anbieter als Auszeichnung für seine
Produkte, egal, welcher Konfession er angehört.

Bei einem derart verbreiteten Gebrauch stellt sich umso mehr die Frage:
Was sind eigentlich Engel? Engel sind ihrer Wortbedeutung nach Boten
(griechisch: ἄγγελος = der Bote, Abgesandte), genauer: Boten Gottes. Das
erklärt schon, warum sie fast ausschließlich in den monotheistischen Religionen Judentum, Christentum und Islam vorkommen: In polytheistischen
Systemen übernehmen eigene Götter – wie Merkur bei den Römern oder
Hermes bei den Griechen – diese Aufgabe der Nachrichtenübermittlung an
die Menschen.

In der Bibel begegnen uns die ersten Engelwesen gleich nach dem Sündenfall im Paradies. Gott lässt nach der Vertreibung der Menschen aus dem
Garten Eden diesen von Cherubim überwachen – von geflügelten Wesen
mit Tierkörper und Menschengesicht (Gen 3,24). Es folgen zahlreiche weitere Engelerscheinungen in der Bibel, beispielsweise in der Abrahamsge-
schichte, bei den Propheten und ganz besonders konzentriert in den Evangelien nach Matthäus und Lukas. Engel künden Jesu Geburt an (Lk 1,35),
bestimmen seinen Namen (Lk 2,21), sie stärken ihn nach den Versuchungen
in der Wüste (Mt 4,11) und nach dem ringenden Gebet im Garten Gethsemane (Lk 22,43), sie trösten die Frauen, die nach Jesu Auferstehung erschro-
cken vor dem leeren Steingrab stehen (Mt 28,5), und die Jünger, die Augenzeugen von Jesu Himmelfahrt werden (Apg 1,10).

In all diesen Erzählungen begegnen uns vor allem zwei Funktionen der
Engel: zum einen die Überbringung einer göttlichen Botschaft, zum anderen
die Gewährleistung eines ganz besonderen Schutzes, eines helfenden göttlichen Eingriffes. Die meisten Engel der Bibel bleiben namenlos. Häufig ist
auch von »*dem* Engel des Herrn« die Rede – nirgendwo finden wir die un-
bestimmte Version »ein Engel des Herrn«. Diese Sprechweise unterstreicht,
dass es mehr um eine symbolische als um eine ontologische Aussage geht.
Engel sind keine eigenständigen, individuellen Wesen, die irgendwo zwi-

schen Mensch und Gott angesiedelt sind. Engel bestehen nicht aus Flügeln und einem geschlechtslosen Körper, sondern aus nichts weiter als aus ihrem göttlichen Auftrag (vgl. Westermann, 7).

Genau diese flüchtige Existenz macht sie zu Engeln und nicht etwa die Fähigkeit, durch den Äther fliegen zu können. Wir erkennen Engel nicht an ihrem Äußeren, sondern an ihrer Bedeutung für uns. Engel zeigen sich in Begegnungen, in denen uns Gottes Wirklichkeit leibhaftig spürbar nahekommt. Das kann in einem Traum sein, in einem anderen Menschen oder in einer Gestalt, die wir nicht in unsere alltägliche Erfahrung einordnen können (vgl. Härle 2007, 299). Nicht jedem sind solche Erlebnisse vergönnt. Aber es gibt viele glaubhafte Erzählungen darüber, und manchmal spürt man die Kraft der Begegnung noch in der Erzählung. So erging es mir, als ich die Schilderung meines Schwiegervaters hörte, wie er in der Nacht nach dem Tod seiner geliebten Frau engelsgleiche Wesen im Garten tanzen sah.

Die Ehrfurcht vor diesen seltenen Erscheinungen gebietet es, dass wir die Engelsymbolik nicht banalisieren oder sogar mit Aberglauben verbinden. Das spricht nicht gegen Engelfiguren in der Wohnung. Aber sie sollten nicht als Dekoration verstanden werden, sondern als eine ständige Erinnerung daran, dass Gott wirkt und dass wir sein Wirken spüren können.

WOZU BRAUCHT MAN KIRCHEN?

Unsere Annäherung an den christlichen Glauben kreiste bislang vornehmlich um individuelle Fragen: Wie kann ich meinem Leben einen Sinn geben? Wie erschließt sich der christliche Glaube von einem Standpunkt der Vernunft? Welche Konsequenzen hat Jesu Wirken und Lehre für mein Handeln und Denken? Kirchen haben bei unseren Überlegungen bisher keine Rolle gespielt. Und so könnte die Vermutung naheliegen, dass es für ein christlich bestimmtes Leben völlig ausreicht, an Gott zu glauben und sich an Jesu Botschaft zu orientieren. Warum sollte das Seelenheil vom Gottesdienstbesuch oder von einer Kirchenzugehörigkeit abhängen?

Ein solipsistisch gelebtes Christentum ist aber ein Widerspruch in sich. Wer seine Beziehung zu Gott nur im eigenen Herzen pflegt, ohne jede Konsequenz für seinen Umgang mit anderen, der missachtet nicht nur das Gebot der Nächstenliebe. Er verschließt sich auch für die göttliche Gabe des Heiligen Geistes. Wir sahen in Abschnitt 21, dass der Heilige Geist als Gabe Gottes uns an dem göttlichen Wesen, der Liebe, teilhaben lässt. Diese Gabe kann sich aber nur dann entfalten, wenn wir in Verbindung mit anderen Menschen stehen. Wer sich gegen seine Mitmenschen abschottet, schließt auch Gott aus seinem Leben aus. »Denn wer seinen Bruder nicht liebt, den er sieht, der kann nicht Gott lieben, den er nicht sieht« (1 Joh 4,20).

Christliches Leben braucht notwendigerweise die Gemeinschaft. Und damit sind wir schon bei der weitesten Auffassung von Kirche, nämlich der »verborgenen« (Luther) oder »unsichtbaren Kirche« (Ulrich Zwingli). Die Reformatoren meinten mit diesen Begriffen die nur für Gott selbst erkennbare Gruppe aller Menschen, die ehrlich nach ihm fragen, suchen und auf ihn vertrauen. Davon abzugrenzen ist die »ecclesia visibilis«, die sichtbare Kirche, als Institution mit Gebäuden und Strukturen, mit Funktionsträgern und Mitgliedern. Zu Lebzeiten Luthers und Zwinglis war die verborgene/unsichtbare Kirche aller Wahrscheinlichkeit nach kleiner als die sichtbare. Denn nicht jeder Gottesdienstbesucher des 16. Jahrhunderts dürfte fest im Glauben gestanden haben. Heute wird es eher umgekehrt sein: Umfragen zufolge suchen mehr Menschen göttliche Orientierung, als die großen Kirchen Mitglieder zählen.[21]

Diese unsichtbare Kirche ist keine Institution, deren Mitgliedschaft man formell beantragen müsste. Sie ist das »innere Band« (Claussen, 67), das Christen unabhängig von ihrer Konfession miteinander verbindet. Diese unsichtbare Kirche ist auch im dritten Artikel des Apostolischen Glau-

---

21. Nach einer Emnid-Umfrage aus dem Jahr 2005 glauben 65 Prozent der Deutschen an Gott. Im gleichen Jahr waren 62 Prozent der Deutschen Mitglied in einer der beiden großen Kirchen (Quellen: Reader's Digest März 2005; www.kirchenaustritt.de).

bensbekenntnisses nach evangelischer Lesart gemeint, wo es heißt: »Ich glaube an den Heiligen Geist, die heilige christliche Kirche, Gemeinschaft der Heiligen.« Denn »heilig« wird hier nicht auf die fehlbare Institution bezogen, sondern auf die den Augen verborgene Gemeinschaft der an Gott und Christus Glaubenden. Im Gegensatz zur sichtbaren Kirche kann die unsichtbare durch keinen Skandal erschüttert und ihrer Heiligkeit – also ihrer Nähe zu Gott – beraubt werden.

Trotzdem helfen uns die sichtbaren Kirchen, unsere Mitgliedschaft in der unsichtbaren zu leben. Hier finden wir die Gemeinschaft von Seelenverwandten, die uns im Glauben und in der christlichen Lebensgestaltung bestärken kann, hier finden wir Orte der Ruhe und Besinnung, die uns bei der inneren Einkehr helfen, hier finden wir in Musik und Liturgie weitere Zugänge zu spirituellen Erfahrungen. Manches davon ist Geschmackssache. Ein spirituelles Minimalprogramm hat uns Jesus selbst vorgelebt: Gebet und Schriftauslegung, Taufe und Mahlgemeinschaft.

Als Gebet hat er das Vaterunser an erste Stelle gesetzt (siehe Abschnitt 33). Die Schriftauslegung in der Synagoge gehörte zu seinem Sabbat-Ritual (vgl. Mt 4,23 und Lk 4,16). Seine Taufe im Jordan durch Johannes ist eines der historisch am besten gesicherten Ereignisse im Leben Jesu (vgl. Abschnitt 13); die Erzählungen über die Mahlgemeinschaften Jesu in den Evangelien sind zahlreich – am bekanntesten die Schilderung des letzten Mahls mit den Jüngern vor seiner Festnahme. Die Bedeutung von Taufe und Abendmahl wird uns in den folgenden Abschnitten noch gesondert beschäftigen.

Auf diesen jesuanischen Kern der Glaubenspraxis sind die protestantischen Kirchen der Reformation am ehesten fokussiert. Dennoch kann man sich kaum vorstellen, dass ein liebender Gott sein Heilsversprechen von einer Konfessionszugehörigkeit abhängig macht. Jesus wurde als Jude geboren, beschnitten, getauft, lehrte in Synagogen, besuchte den Jerusalemer Tempel und starb als Jude. Seine Toraauslegung war zwar einzigartig, wie wir sahen (Abschnitt 15), aber im Rahmen der jüdischen Meinungspluralität zu seinen Lebzeiten keineswegs häretisch (vgl. E. Stegemann, 243). Auch nach Jesu Tod verstanden sich die Mitglieder der Jerusalemer Urgemeinde mit seinen Anhängern noch als Juden – den Begriff »Christen« prägten hellenistische Heiden in Kleinasien (Apg 11,26).

Ein Ausschließlichkeitsanspruch, der Gottes Segen von der exklusiven Mitgliedschaft einer bestimmten Kirche abhängig macht, steht in krassem

Widerspruch zu Jesu Wirken. Ein besonders schöner Beleg dafür ist die Episode des fremden Wundertäters im Markusevangelium:

>Johannes sprach zu ihm: Meister, wir sahen einen, der trieb böse Geister in deinem Namen aus, und wir verboten's ihm, weil er uns nicht nachfolgt. Jesus aber sprach: Ihr sollt's ihm nicht verbieten. Denn niemand, der ein Wunder tut in meinem Namen, kann so bald übel von mir reden. Denn wer nicht gegen uns ist, der ist für uns< (Mk 9,38–40).

Würde dieser Geist der Großzügigkeit Partei ergreifen in dem Streit, ob es zwei (evangelisch-reformiert), drei (neuapostolisch) oder sieben Sakramente (römisch-katholisch und orthodox) gibt, ob man als Kind oder erst als Erwachsener (baptistisch) getauft werden soll, ob das Abendmahl viermal im Jahr (calvinistisch) oder in jedem Gottesdienst zu feiern ist? – Theologisch grundlegende Fragen, gewiss. Und gerade derjenige, der seinen Glauben auch so weit wie möglich mit dem Verstand durchdringen will, wird hier klar Position beziehen wollen. Aber sind nicht viele der theologischen Dissenzen in Wirklichkeit nur Folgen der prinzipiellen Beschränktheit unseres Verstandes, wenn es um Unendliches geht? Die Konstanten, die sich als kleinster gemeinsamer Nenner aller Christen ergeben, sind Jesu Sendung als Selbstoffenbarung Gottes und seine Botschaft der Liebe. Wer sich in diesem Bewusstsein zu einer Gemeinschaft findet, kann Jesu Nähe gewiss sein: >Wo zwei oder drei in meinem Namen versammelt sind, da bin ich mitten unter ihnen< (Mt 18,20).

39 KM

WOZU BRAUCHT MAN SAKRAMENTE?

Die Frage nach den Sakramenten greift einen Aspekt des vorangegangenen Abschnitts auf. Denn auch hier geht es darum, dass christliche Glaubenspraxis nicht alleine lebbar, sondern auf Gemeinschaft angewiesen ist. Die theologische Begründung der Sakramente als Heilszeichen oder Heilsmittel setzt bei der Beobachtung an, dass Gott sich den Menschen in Jesus Christus offenbart, also äußerlich und erkennbar gemacht hat. Das Gleiche gilt für die Schöpfung: Auch hier zeigt sich Gottes Werk in einer objektiven Form. Gottes Wirken bedient sich also äußerer Zeichen und ist nicht durch Introspektion und Meditation des Individuums allein erfahrbar. Diese Folgerung leugnet nicht, dass die äußeren Zeichen von Gottes Wirken in unserem Inneren einen folgenreichen Prozess in Gang setzen können. Aber der erste Anstoß für diese Entwicklung muss von außen kommen.

Dabei sind zwei Arten von Impulsen zu unterscheiden (vgl. Härle 2007, 534 ff.): solche, die sich nur gelernter Zeichen wie Sprache bedienen und unseren Verstand ansprechen, und solche, die in erster Linie sinnlich wahrnehmbar sind und unsere Körperlichkeit ansprechen. Heilszeichen der ersten Art sind die Wortverkündigungen (Predigt und Gebet), Heilszeichen der zweiten Art nennt man Sakramente. Wenn wir Gottes Wirken in seiner ganzen Vielfalt wahrnehmen wollen, brauchen wir beides: das *Verstehen* der Wortverkündigung und das *Erleben* der Sakramente.

Aus den Eigenschaften einer sinnlichen Zeichenhandlung folgen drei weitere Besonderheiten des Sakraments gegenüber der Wortverkündung: Es richtet sich unmittelbar und ausschließlich an den Empfangenden, es erfordert deshalb seine körperliche Anwesenheit und seinen Wunsch, das Sakrament zu erhalten. Dagegen kann sich eine Wortverkündigung an viele richten, in verschiedene mediale Kanäle gespeist und auch ohne Zustimmung gehört und verstanden werden.

Welche Zeichenhandlungen den Status eines Sakraments haben, wird unter den christlichen Konfessionen nicht einheitlich gesehen. Unstrittig als Sakramente sind nur die Taufe und das Abendmahl (Eucharistie). Diese beiden Handlungen genügen dem strengen (evangelischen) Kriterium, dass sie mit einer göttlichen Heilsverheißung verbunden sind. Die katholische Kirche fordert von Sakramenten, dass sie von Gott oder Jesus Christus eingesetzt, angeordnet oder befohlen sind, und hat sich in der siebten Sitzung des Konzils von Trient 1547 auf die Zahl Sieben festgelegt. Neben Taufe und Eucharistie zählt sie auch die Firmung, die Eheschließung, die Buße, die Priesterweihe und die Krankensalbung zu den Sakramenten.

Die engere evangelische Definition hat den Vorteil, die besondere Bedeutung des Sakraments verständlicher zu machen. So kann man beispielsweise die Eheschließung als von Gott gewollt sehen, aber sie bleibt doch ein Versprechen unter Menschen. Dafür kann man natürlich – wie für vieles – Gottes Segen erbitten. Wer aber mit der Hochzeit eine göttliche Heilserwartung verbindet, belastet seine Ehe möglicherweise mit einem zu hohen Anspruch.

Problematisch ist auch das gesonderte Sakrament der Firmung, bei der nach römisch-katholischer und orthodoxer Interpretation die Gabe des Heiligen Geistes vermittelt wird. Diese Auffassung führt zu einer Entwertung des christlichen Taufgeschehens, die im neutestamentlichen Verständnis genau diese Wirkung hat. Zwar findet man auch drei Stellen im Neuen Testament, nach denen man den Geistempfang getrennt von der Taufe begreifen kann (Apg 8,15–17; 19,6; Hebr 6,2). Doch theologisch wichtiger in dieser Frage ist sicher die in den drei synoptischen Evangelien enthaltene programmatische Erklärung von Johannes dem Täufer: »Ich taufe euch mit Wasser zur Buße; der aber nach mir kommt, ist stärker als ich, und ich bin nicht wert, ihm die Schuhe zu tragen; der wird euch mit dem Heiligen Geist und mit Feuer taufen« (Mt 3,11; ähnlich Mk 1,8 und Lk 3,16; vgl. dazu auch Apg 2,38 und 1 Kor 12,13). Hier wird die Gabe des Heiligen Geistes als der entscheidende Unterschied zwischen der alten und der durch den kommenden Messias möglichen Taufe herausgestellt.

Aber unabhängig von der Bewertung dieser Frage spielen Taufe und Abendmahl eine herausragende Rolle unter den Sakramenten, weil sie von allen christlichen Konfessionen akzeptiert werden. Wir werden uns beiden Heilsmitteln deshalb noch ausführlicher widmen, der Taufe im nächsten Abschnitt, dem Abendmahl zur »Zielverpflegung« (S. 163–167).

40 KM

WAS BEDEUTET DIE TAUFE?

Die Besonderheit der christlichen Taufe wird am deutlichsten, wenn man sie einerseits von ihren Vorläufern und andererseits von ihrer heutigen Profanbedeutung abgrenzt. Aus vorchristlichen Kontexten kennt man rituelle Reinigungen, wie sie auch im Alten Testament beschrieben werden. Da heilt zum Beispiel der Prophet Elisa den aramäischen Hauptmann Naaman von seinem Aussatz, indem er ihn zur Waschung siebenmal in den Jordan schickt (2 Kön 5,1–14). Der Täufer von Jesus, Johannes, wirkte ebenfalls am Jordan, verstand seine Taufe aber ganz anders: nicht als Abwaschen, sondern als symbolisches Ertränktwerden. Dieser Metaphorik entsprechen auch die ursprünglichen Wortbedeutungen im Griechischen und im Deutschen: »βαπτίζειν« heißt »untertauchen«; »taufen« ist etymologisch mit »tief« verwandt.

Johannes der Täufer prophezeite als apokalyptischer Bußprediger ein nahes Zornesgericht, das selbst die Frommen treffen werde. Der einzige Ausweg sei, Buße zu tun, sich taufen zu lassen und in einer geläuterten neuen Existenz die Gebote zu halten (vgl. Lk 3,1–14). Die Taufe ist hier ein zeichenhafter »Akt der Vernichtung und Tötung, der das kommende Gericht in abgemilderter Form« vorwegnehmen sollte (Roloff 2007, 61).

Auch wenn sich durch Jesus Christus die Bedeutung der Taufe nochmals ändern wird, das Bild von Tod und Wiedergeburt ist auch für Jesu Wortgebrauch bestimmend, wie seine Ankündigung vor den Jüngern aus dem Lukasevangelium zeigt: »Aber ich muss mich zuvor taufen lassen mit einer

Taufe, und wie ist mir so bange, bis sie vollbracht ist!« (Lk 12,50; vgl. Mk 10,38). Auch Paulus deutet die Taufe als christliche Neukonstitution des Menschen: »Ihr müsst euch doch darüber im Klaren sein, was bei der Taufe mit euch geschehen ist. Wir alle, die ›in Jesus Christus hinein‹ getauft wurden, sind damit in seinen Tod hineingetauft, ja hineingetaucht worden« (Röm 6,3).

Die heute übliche Profanbedeutung der Taufe verbindet sich oft mit einer Namensgebung, etwa wenn Schiffe getauft werden. Bei der christlichen Taufe dagegen wird der Täufling nicht auf seinen Rufnamen, sondern »auf den« oder »in dem Namen des Vaters und des Sohnes und des Heiligen Geistes« getauft. So hat es Jesus in seinem Missionsauftrag laut den letzten Sätzen des Matthäusevangeliums seinen Jüngern aufgegeben:

> »Darum gehet hin und machet zu Jüngern alle Völker: Taufet sie auf den Namen des Vaters und des Sohnes und des Heiligen Geistes und lehret sie halten alles, was ich euch befohlen habe« (Mt 28,19f.).

Damit ist nicht gemeint, dass der Täufling nach der trinitarischen Formel zu benennen ist, wie die Lutherübersetzung »auf den Namen« missverstanden werden könnte. Die Gute-Nachricht-Bibel übersetzt klarer »im Namen …«; dem griechischen Original »εἰς τὸ ὄνομα« am nächsten käme »in den Namen hinein«. Gemeint ist hier die Überführung des Täuflings in eine neue Gemeinschaft mit Gott, mit Jesus Christus und mit dem Heiligen Geist. Damit ist die Taufe gleichsam die »Eingangstür in die christliche Gemeinschaft« (Huber 2008, 164), denn der Heilige Geist als Liebesgabe Gottes verbindet die Gläubigen zur Gemeinschaft der Heiligen. In dieser neuen Gemeinschaft sind alle Menschen gleich, wie Paulus schon zu einer Zeit betonte, als diese Botschaft noch revolutionär klang:

> »Denn als ihr in der Taufe Christus übereignet wurdet, habt ihr Christus angezogen wie ein Gewand. Es hat darum auch nichts mehr zu sagen, ob ein Mensch Jude ist oder Nichtjude, ob im Sklavenstand oder frei, ob Mann oder Frau« (Gal 3,27f.).

Mit der Taufe verankern wir unsere Existenz in Gott und verlassen unsere Ichbezogenheit. Diese symbolische Wiedergeburt ist wie die natürliche

Geburt ein einzigartiges Ereignis, das man nicht wiederholen kann – und auch nicht wiederholen muss, selbst wenn man nach einer Phase des Unglaubens wieder zu Gott zurückkehrt. Denn als Sakrament verstanden, hat die Taufe eine heilsstiftende Wirkung, die den Glauben sachlich nicht vorausgesetzt. Die Abhängigkeit ist genau andersherum: Die Taufe weckt oder stärkt den Glauben und ist in Zeiten des Zweifels eine Halt gebende Orientierung, eine »Erinnerung an den verlässlichen Grund« des christlichen Glaubens (Härle 1995, 551).

Im letzten Kapitel wurde als ein Charakteristikum des Sakraments der ausdrückliche Wunsch des Empfangenden genannt. Wie passt diese Aussage zur Säuglingstaufe? Diese Frage wird in den christlichen Kirchen unterschiedlich bewertet. Zwar tauft die überwiegende Mehrheit der christlichen Gemeinschaften bereits im Babyalter und folgt damit einer seit dem 6. Jahrhundert üblichen Praxis, die damals der hohen Kindersterblichkeit geschuldet war (vgl. Claussen, 117). Aber einige Freikirchen – Baptisten, Pfingstgemeinden, Mennoniten – erkennen diesen Akt nicht an, weil für sie die Taufe eine bewusste Entscheidung voraussetzt.

Diese Argumentation übersieht, dass ja durchaus eine bewusste Entscheidung getroffen wird: nicht vom Täufling, aber von seinen Eltern, die auch in anderen lebenswichtigen Fragen in Stellvertretung und im Interesse ihres Kindes agieren. Es wäre geradezu absurd, wenn sich die Eltern in diesem zentralen Bereich des menschlichen Lebens aus ihrer Verantwortung stehlen wollten oder sollten. Gegen die Säuglingstaufe wird auch geltend gemacht, dass der Täufling sich nicht bewusst an das Geschehen erinnern und deshalb auch nicht davon profitieren kann. Doch mit der Entscheidung für eine Taufe übernehmen die Eltern – und ggf. die Paten – die Verantwortung für eine christliche Erziehung. Die kann dann das Wertgerüst vermitteln, in dem die Taufe als zwar nicht bewusst erinnertes, aber erzähltes Erlebnis ihren Platz findet.

Kinder von der Taufe auszuschließen, wäre ein gravierender Verstoß gegen die Botschaft Jesu. Die berühmte Episode aus den synoptischen Evangelien (hier zitiert nach Matthäus) bringt uns eindringlich nahe, dass Gott die Kinder bedingungslos in sein Heilsversprechen aufnimmt:

»Da wurden Kinder zu ihm gebracht, damit er die Hände auf sie legte und betete. Die Jünger aber fuhren sie an. Aber Jesus sprach: Lasset die Kinder zu mir kommen und wehret ihnen nicht; denn solchen gehört das Himmelreich. Und er legte die Hände auf sie und zog von dort weiter« (Mt 19,13–15).

WAS DARF ICH HOFFEN?

»Alles Interesse meiner Vernunft«, schrieb der Philosoph Immanuel Kant, »vereinigt sich in folgenden drei Fragen: 1. Was kann ich wissen? 2. Was soll ich tun? 3. Was darf ich hoffen?« (Kant 1787, 677). Die Antworten, die der christliche Glaube auf die ersten beiden dieser drei grundlegenden Fragen des Lebens geben kann, haben wir in den hinter uns liegenden Wegabschnitten bedacht. Doch das Ziel unseres vom Sinn des Lebens ausgehenden Marathons ist erst dann erreicht, wenn auch die dritte Frage, die nach einer christlichen Zukunftsperspektive, beantwortet ist.

Der *Glaube*, verstanden als auf Gott gerichtetes Urvertrauen, führte uns am Anfang unserer Wegstrecke zur *Liebe* als dem Wesen Gottes und dem Kern christlicher Ethik. Die Liebe wiederum birgt in sich den Schlüssel zum Verständnis der *Hoffnung*, die schließlich den Glauben zum Ziel führt. Denn zur Liebe gehört es, dass sie das Beste für den oder die Geliebten will. Wenn wir nun also einem allmächtigen Gott vertrauen, der uns liebt, dann dürfen wir auch hoffen, dass er das Beste für uns will und möglich macht. Der Glaube, schreibt Paulus im Römerbrief, eröffnet uns den Zugang zur »Hoffnung der zukünftigen Herrlichkeit, die Gott geben wird« (Röm 5,2).

In den Evangelien steht der Ausdruck »Reich Gottes« für die Heilserwartung, die sich mit der uneingeschränkten Erfüllung von Gottes Willen verbindet (siehe Abschnitt 12). Dabei lassen die ältesten Überlieferungsschichten keinen Zweifel daran, dass Jesu Anhänger sich das Kommen des Reich Gottes als ein sehr nahe bevorstehendes, noch zu ihren Lebzeiten zu erwartendes Ereignis vorstellten (vgl. Mk 9,1; 13,30; Mt 10,23). In den späteren Schriften verschiebt sich diese Erwartung langsam nach hinten, bis sie schließlich in dem vermutlich jüngsten Beitrag des Neuen Testaments gänzlich relativiert wird:

>»Eins aber sei euch nicht verborgen, ihr Lieben, dass ›ein‹ Tag vor dem Herrn wie tausend Jahre ist und tausend Jahre wie ein Tag. Der Herr verzögert nicht die Verheißung, wie es einige für eine Verzögerung halten; sondern er hat Geduld mit euch und will nicht, dass jemand verloren werde, sondern dass jedermann zur Buße finde« (2 Petr 3,8f.).*

Letztlich gehen aber, wie wir in Abschnitt 15 gesehen haben, alle zeitlichen Einordnungen des Beginns von Gottes Reich an Jesu Botschaft vorbei. Die Verwirklichung von Gottes Willen ist zunächst unsere Aufgabe. In dem Maß, wie wir ihn erkennen und danach handeln, verwirklicht sich das Reich Gottes. Das ist die Botschaft der Wachstumsgleichnisse (»Mit dem Reich Gottes ist es so, wie wenn ein Mensch Samen aufs Land wirft«, Mt 4,26), das ist auch der Sinn von Jesu Antwort auf die Frage der Pharisäer, wann denn Gottes Reich komme:

»Das Reich Gottes kommt nicht so, dass man's beobachten kann; man wird auch nicht sagen: Siehe, hier ist es!, oder: Da ist es! Denn siehe, das Reich Gottes ist mitten unter euch« (Lk 17,20f.).

Andererseits ist daraus nicht der Schluss zu ziehen, dass Gottes Reich ganz allein in unserer Verantwortung liege. Gott weiß, dass das durch seine Offenbarungen von der Schöpfung bis Jesus Christus auf den Weg gebrachte Heilswerk nur fragmentarisch wirken kann. Denn erstens kommen gar nicht alle Menschen mit seiner Botschaft in Berührung, zweitens führen auch die, die an Gott glauben, seinen Willen nur bedingt aus. Selbst wenn wir Gottes Willen immer erkennen würden und bester Absicht wären, ihn umzusetzen, wären wir doch fehlerhaft in unserem Tun. Deshalb richtet sich unsere Hoffnung berechtigterweise auf das Ende dieser Einschränkungen, auf eine Zeit, in der Gottes Wille bedingungslos gilt und herrscht, in der wir endgültig »vom Bösen erlöst« sind, wie wir im Vaterunser bitten.

Auch hier kommen wir, wie nicht anders zu erwarten, an die Grenzen unseres linearen Denkvermögens. In der Lehre vom Reich Gottes zeigt sich eine polare Gleichzeitigkeit von »Noch-nicht und Doch-schon« (Küng 1974, 212). Sie verbietet es, die Zukunft mit Gott als eine utopische Vision zu verabsolutieren. Das Reich Gottes ist keine Vertröstung, kein Marx'sches »Opium des Volkes«, sondern vor allem ein Appell an uns. »Wer nach Jesus von der Zukunft reden will, muss von der Gegenwart reden und umgekehrt« (Küng ebd.). Denn andererseits darf auch die Gegenwart nicht bereits als Gottes Reich verabsolutiert werden – etwa indem man alle Ungerechtigkeiten und Unzulänglichkeiten für gottgewollt hielte.

Wie erleben aber diejenigen den Zielzustand des Reich Gottes, die vorher sterben? Mit anderen Worten: Können wir auf ein Leben nach dem Tod hoffen? Die Bejahung dieser Frage, so selbstverständlich wir sie heute mit der jüdisch-christlichen Tradition verbinden, hat sich in den biblischen Schriften erst allmählich durchgesetzt. Das Alte Testament ist zum überwiegenden Teil diesseitig orientiert, Gott wird vor allem als ein Gott der Lebenden gesehen (vgl. Ps 6,6), weshalb man das Leben genießen sollte (vgl. Koh 10,19: »Man hält Mahlzeiten, um zu lachen, und der Wein erfreut das Leben, und das Geld muss alles zuwege bringen«). Noch die Sadduzäer zu Jesu Lebzeiten glaubten im Gegensatz zu den Pharisäern an die Endgültigkeit des Todes (vgl. Mk 12,18).

Wer aber dem oben beschriebenen Dreischritt Glaube – Liebe – Hoffnung folgen will, wird sich damit nicht abfinden wollen. Er kann sich auf das Wort Jesu berufen: »Wer mein Wort hört und glaubt dem, der mich gesandt hat, der hat das ewige Leben und kommt nicht in das Gericht, sondern er ist vom Tode zum Leben hindurchgedrungen« (Joh 5,24). Gleichwohl ist die Vorstellung eines »ewigen Lebens« für unseren Verstand erst mal eine Zumutung. Die Vorstellung, dass die Toten aller Zeiten irgendwo auf uns warten, uns vielleicht sogar zuschauen, ist für viele Menschen unerträglich oder kindisch. Hier hilft es, wenn man sich von allzu naiven Bildern löst und von einem reflektierteren Begriff des Todes ausgeht.

Der Theologe Wilfried Härle definiert den Tod als »das definitive Ende aller aktiven Möglichkeiten« (Härle 2007, 633). »Aktiv« darf hier nicht mit

»bewusst« verwechselt werden. Ein Wachkoma-Patient ist nach dieser Definition selbstverständlich nicht tot, weil Funktionsbereiche, die nicht durch das Großhirn gesteuert werden, weiterhin funktionieren. Der Tod ist dieser Begriffsbestimmung zufolge der Beginn einer irreversiblen Passivität. Diese Passivität schließt nun aber nicht eine Beziehung zu Gott aus, sondern bedeutet die »höchstmögliche, weil durch das eigenmächtige Wollen und Wählen nicht mehr gestörte (ja nicht einmal mehr störbare) Teilnahme … am göttlichen Leben« (Härle, ebd.). Mit anderen Worten: Im Sterben steht unsere Liebe zu Gott vor ihrer letzten und größten Herausforderung. Wir lassen uns in seine Hand fallen, geben uns in völliger Hingabe ganz auf – und gehen auf in der Liebe Gottes. Mit diesem Verständnis vom Tod ist auch die Rede von der Auferweckung der Toten leichter fassbar: Unsere Teilhabe am Geist Gottes, seiner Liebe, dauert über den Tod hinweg an (vgl. Röm 8,11). Und weil dieser Geist ein schöpferischer ist (siehe Abschnitt 21), bildet er zugleich den »Keim der Auferstehung« (Härle 2007, 636) – verstanden als die Neuschöpfung des Menschen in der vollendeten Herrlichkeit Gottes. Diese neue Form der Existenz entzieht sich unseren Denkkategorien. Trotzdem ist sie kein Hirngespinst: Die verbindende Linie zwischen unserer Gegenwart und diesem vollendeten Zustand ist der in der Liebe zu Gott gewiss werdende Glaube, dass unsere Identität über den Tod hinweg in Form völliger Passivität erhalten bleibt.

GIBT ES HIMMEL UND HÖLLE?

Die Vorstellungen der christlichen Theologie über den Endzustand der göttlichen Heilsgeschichte lassen sich in drei große Gruppen ordnen, innerhalb derer es wiederum feine Differenzierungen gibt:

a) Alle Menschen werden auf ewig bei Gott sein (»Allerlösung«, »Allaussöhnung« oder »Apokatastasis panton«).

b) Einige Menschen werden erlöst, die anderen auf ewig zu Höllenqualen verdammt (»Lehre vom doppelten Ausgang« mit »Himmel« und »Hölle«).

c) Einige Menschen werden erlöst, die anderen vergehen zu nichts (»Annihilatio«).

Der erste Ansatz, der sich auf verschiedene Bibelstellen berufen kann (zum Beispiel Apg 3,21; Röm 11,32; 1 Kor 15,28; Eph 1,20–23; Kol 1,15–20), wurde im 6. Jahrhundert offiziell zur Irrlehre erklärt, hat aber bis heute theologische Anhänger (vgl. J. C. Janowski). Für ihn spricht, dass er die Bedingungslosigkeit und den grenzenlosen Umfang von Gottes Liebe im christlichen Verständnis am deutlichsten unterstreicht. Die Allerlösung denkt den radikalen Ansatz der Bergpredigt, die Feindesliebe und den Verzicht auf Vergeltung und Verurteilung (Mt 7,1), am konsequentesten weiter. Für den persönlichen Glauben ist die Hoffnung auf Allerlösung sicher eine passende Heilsperspektive. Sie hätte als offizielle religiöse Lehre aber den gravierenden praktischen Nachteil, dass von ihr kein moralischer Appell ausgeht. Wenn die Gnade Gottes ohnehin allen Menschen ohne Ansehen ihres Glaubens und ihres Handelns zukommt, dann wird die persönliche Verantwortung für die Lebensgestaltung vor Gott entwertet. Außerdem birgt die Allerlösungslehre die Gefahr, dass Gottes Liebe hier als etwas Selbstverständliches aufgefasst wird.

Die Lehre vom doppelten Ausgang mit Himmel und Hölle ist die offizielle Lehrmeinung der beiden großen deutschen christlichen Kirchen. Sie ist Bestandteil des Athanasianums, das neben dem Apostolikum und dem Nicäno-Konstantinopolitanum zu den drei bedeutenden ökumenischen Glaubensbekenntnissen gehört. Darin heißt es: »Und die Gutes getan haben, werden ins ewige Leben eingehen, die Böses getan haben, in das ewige Feuer.« Der Ausdruck »ewiges Feuer« bezieht sich auf die Rede Jesu vom Weltgericht im Matthäusevangelium, dem stärksten bei Jesus verorteten Beleg für die Lehre vom doppelten Ausgang (Mt 25,31–46).

Diese Rede aus dem matthäischen Sondergut, für die sich in den anderen Evangelien keine Parallelen finden lassen, wird allgemein einer späten, »jüdisch-apokalyptisch geprägten« Redaktionsschicht des Neuen

Testaments zugerechnet (Rosenau, 105). Dennoch lässt sich die biblische Fundierung dieses Ansatzes – auch angesichts zahlreicher anderer Stellen (zum Beispiel Mt 5,22; 10,28; 13,36; Lk 12,5; 16,32) – nicht ganz wegdiskutieren. Diese Belege stehen aber meist in einem Kontext, in dem eine allzu menschliche Vorstellung von ausgleichender Gerechtigkeit die Gedanken des Schreibers geführt haben mag. Besonders deutlich wird dies in der lukanischen Erzählung vom reichen Mann und dem armen Lazarus (Lk 16,19–31). Der Reiche, von dessen Almosen Lazarus lebte und dem in der Erzählung kein Fehlverhalten unterstellt wird, scheint hier nur deshalb in der Hölle zu schmoren, weil er ein luxuriöses Leben im Diesseits führen konnte. Seine bescheidene Bitte um eine leichte Kühlung seiner Zunge wird barsch abgelehnt: »Gedenke, Sohn, dass du dein Gutes empfangen hast in deinem Leben, Lazarus dagegen hat Böses empfangen; nun wird er hier getröstet und du wirst gepeinigt« (Lk 16,25).

Diese Erzählung macht ein Grundproblem der Lehre vom doppelten Ausgang plastisch deutlich: Wenn »Himmel« und »Hölle« einen Ausgleich für sündhaftes Handeln und für die Verteilungsungerechtigkeiten auf Erden sicherstellen sollen, ist die ewige Qual eine unangemessen hohe Strafe für jeden denkbaren Vorteil oder auch für jedes denkbare Fehlverhalten in der jetzigen Welt. Ewige Verdammnis ist »eine Vergeltung, die jede Grausamkeit, die ein Mensch begehen kann, nicht nur quantitativ, sondern qualitativ übersteigt« (Härle 2007, 617).

Ein zweites Problem der Himmel-und-Hölle-Vorstellung ist, dass sie der christlichen Botschaft von der bedingungslosen Gnade und Vergebung ein gnadenloses und vergeltendes Endgericht gegenüberstellt. Die Schärfe dieses Widerspruchs nimmt weiter zu, wenn man nach dem Maßstab fragt, den der Richter zugrunde legen wird. Sind es die Taten allein, wie es die Weltgerichtsrede aus dem Matthäusevangelium nahelegt? Dann sind Gottes Liebe und seine Gnade – ein Begriff, der in diesem Evangelium übrigens kein einziges Mal vorkommt – bedeutungslos. Ist es der Glaube, der allein entscheidet? Dann ergeben sich eine ganze Reihe weiterer Fragen: Zählt nur ein Glaube, der über längere Zeit gepflegt wurde, oder ist der letzte Moment des Lebens ausschlaggebend? Dann könnten ein Judas Ischariot und ein Adolf Hitler sich im Himmel treffen, während rechtschaffene Atheisten mit ansonsten vorbildlichem Lebenswandel im ewigen Feuer leiden. Nun kann man argumentieren – wie wir es ja an anderer Stelle auch getan haben –, dass Gottes Gerechtigkeit sich nicht mit menschlichen Maßstäben erfassen lässt. Aber angesichts der drastischen Folgen des Gottesurteils nach diesem Ansatz muss die Frage nach dem gültigen Gesetzbuch erlaubt sein.

Das dritte und am schwersten wiegende Argument gegen die Lehre vom doppelten Ausgang ist die Unmöglichkeit, eine vollendete Herrlichkeit zu denken, während an anderer Stelle ewige Qual herrscht. Dies ist nicht nur aus unserer heutigen emotionalen Perspektive undenkbar, es führt auch auf theologisch-systematischer Ebene zum Widerspruch. Wenn das Leid der Hölle genauso ewig ist wie Gottes Liebe, dann sind Sünde und Böses nicht überwunden, die göttliche Liebe verliert in diesem Modell ihre Einzigartigkeit und ihre Macht. Letztlich führt der doppelte Ausgang zu einem Dualismus von guter und böser Macht – und damit zu einem antichristlichen Weltbild. Zugespitzt gesagt: Nicht die Hölle ist Teufelswerk, aber die Lehre davon.

Die dritte der eingangs genannten Positionen verbindet die plausiblen Elemente der beiden anderen Ansätze. In der Theorie der Annihilatio lösen sich Sünde und das Böse kraft Gottes Macht in nichts auf. Das ist auch insofern logisch, als die Sünde und das Böse Negationen von Gottes Liebe sind – also von dem, was ewigen Bestand hat. Deshalb »können sie selbst nicht bleiben, sondern sind (nur) dazu bestimmt zu vergehen« (Härle 2007, 623). In dieser Deutung gibt es wie bei der Allerlösung keine Hölle, aber es bleibt – darin der Lehre vom doppelten Ausgang ähnlich – die individuelle Verantwortung des Menschen für sein Leben erhalten. Die Vorstellung eines schlichten Vergehens oder der Vernichtung und Auflösung des Bösen findet sich im Neuen Testament bei Paulus (1 Kor 15,20–28; Röm 6,6; vgl. aber auch Mk 1,24), am schönsten formuliert aber im ersten Psalm:

»Wohl dem, der nicht wandelt im Rat der Gottlosen
noch tritt auf den Weg der Sünder noch sitzt, wo die Spötter sitzen,
sondern hat Lust am Gesetz des HERRN und sinnt über seinem Gesetz Tag und Nacht! Der ist wie ein Baum, gepflanzt an den Wasserbächen,
der seine Frucht bringt zu seiner Zeit, und seine Blätter verwelken nicht. Und was er macht, das gerät wohl.
Aber so sind die Gottlosen nicht, sondern wie Spreu, die der Wind verstreut.

Darum bestehen die Gottlosen nicht im Gericht noch die Sünder in
der Gemeinde der Gerechten.
Denn der HERR kennt den Weg der Gerechten, aber der Gottlosen
Weg vergeht« (Ps 1,1–6).

Für die in diesem Abschnitt gestellte Frage lässt sich aus dem christlichen Glauben nur eine kohärente Antwort gewinnen: Ja, es gibt den Himmel, und nein, es gibt keine Hölle. Daran schließt sich die letzte Frage unseres Marathons durch die christliche Gedankenwelt an:

42,2 KM

WIE HAT MAN SICH
DEN HIMMEL VORZUSTELLEN?

Die Antwort darauf ist kurz und steht im ersten Johannesbrief: »Meine Lieben, wir sind schon Gottes Kinder; es ist aber noch nicht offenbar geworden, was wir sein werden. Wir wissen aber: wenn es offenbar wird, werden wir ihm gleich sein; denn wir werden ihn sehen, wie er ist« (1 Joh 3,2). Mit anderen Worten: Uns erwartet eine durch nichts getrübte Gemeinsamkeit mit Gott, die es uns erlaubt, ihn zu sehen. Jede weitere Konkretisierung verbietet sich angesichts der Unvollkommenheit unserer Denk- und Sprachmöglichkeiten, wie schon Paulus warnte:

»Unser Wissen ist Stückwerk und unser prophetisches Reden ist Stück-
werk. Wenn aber kommen wird das Vollkommene, so wird das Stück-
werk aufhören« (1 Kor 13,9f.).

Als Bild für diesen vollkommenen Zustand finden wir an verschiedenen Stellen der Bibel das gemeinsame Festmahl (zum Beispiel Mt 22,1–4; 25,1f.;

Apk 3,20) – besonders saftig beschrieben im Buch Jesaja, wo es über das große Freudenmahl nach dem Gottesgericht heißt:

>*Und der HERR Zebaoth wird auf diesem Berge allen Völkern ein fettes Mahl machen, ein Mahl von reinem Wein, von Fett, von Mark, von Wein, darin keine Hefe ist. Und er wird auf diesem Berge die Hülle wegnehmen, mit der alle Völker verhüllt sind, und die Decke, mit der alle Heiden zugedeckt sind. Er wird den Tod verschlingen auf ewig«* (Jes 25,6–8).

Als symbolische Vorwegnahme dieses Freudenfestes und als symbolische Erinnerung an das letzte Mahl Jesu mit seinen Jüngern zugleich gilt das Sakrament des Abendmahls, das wir gedanklich bei unserer letzten Verpflegungsstation im Ziel feiern wollen.

ZIELVERPFLEGUNG

DIE BEDEUTUNG
DES ABENDMAHLS

Die Evangelien berichten auffällig häufig von Tischgemeinschaften. Bis zur Passionsgeschichte sind sie vor allem ein Sinnbild für die Gemeinschaft, die durch Jesus zusammenfindet: seine Jünger, die alles aufgeben, um ihn auf seinen Wanderungen zu begleiten, seine sesshaften Anhänger, die Aufnahme und Unterkunft bieten können, und schließlich die Randständigen der Gesellschaft, die Geringgeschätzten, Kranken und Kriminalisierten, die erst durch Jesus Zugang zu einer Gemeinschaft finden (vgl. Mk 2,14–16; 14,3; Lk 19,1–9). Diese illustre Zusammenstellung kommt bei den Geistlichen seiner Zeit gar nicht gut an (vgl. Mk 2,16; Lk 7,34). Doch in der Parabel vom großen Gastmahl (Mt 22,1–10 und Lk 14,15–24) weitet Jesus diese von ihm vorgelebte Offenheit sogar auf das endzeitliche Freudenmahl aus: In der Erzählung sagen die ursprünglich vom König für das Fest vorgesehenen Gäste alle ab, woraufhin der Gastgeber seine Bediensteten anscheinend wahllos Leute von der Straße einladen lässt. »Und die Knechte … brachten zusammen, wen sie fanden, Böse und Gute; und die Tische wurden alle voll« (Mt 22,10).

Die Mahl-Metaphorik steht hier für einen »durch Statusverzicht und Nächstenliebe geprägten Sozialverbund« (Zimmermann, 372). Denn in einer Tischgemeinschaft begegnen sich die Gäste auf Augenhöhe. Das gemeinsame Essen überwindet Feindschaft oder Misstrauen und schafft Nähe und Zuwendung. Die Heilswirkung des gemeinsamen Mahls unterstreichen auch die Wundererzählungen von der Speisung der 5000 Juden mit fünf Broten und zwei Fischen (Mk 6,30–44), der 4000 Heiden mit sieben Broten (Mk 8,1–10) und der Hochzeit zu Kana, bei der Jesus sechs Krüge voller Wasser in Wein verwandelt (Joh 2,1–11).

Das letzte gemeinsame Mahl Jesu mit seinen Jüngern in Jerusalem ist der Höhepunkt dieser Bildsprache, auf den das Sakrament des Abendmahls oder der Eucharistie, wie es in der römisch-katholischen, der orthodoxen und der anglikanischen Kirche heißt, zurückgeht. Über dieses Mahl berichten die drei synoptischen Evangelien und Paulus im ersten Korintherbrief (Mt 26,17–30; Mk 14,12–26; Lk 22,7–38; 1 Kor 11,23–25). Danach lud Jesus seine Jünger am Mittwoch vor dem Paschafest[22] ein zum Sederabend, an dem traditionell ungesäuerte Brote, Wein, Bitterkräuter und Lamm im Gedenken an den Auszug Israels aus der ägyptischen Gefangenschaft gereicht wurden. Jesus mietete dafür eigens einen Saal, wahrscheinlich in der Jerusalemer Oberstadt (Gibson, 67–70), was in der von Pilgern überfüllten Stadt nicht einfach gewesen sein dürfte. Der genaue Ablauf des Essens und die Worte, mit denen Jesus Brot und Wein verteilt, unterscheiden sich in den vier Quellen geringfügig (wenn auch diese geringfügigen Unterschiede grundlegende theologische Diskussionen zur Folge hatten). Wir orientieren uns hier an dem vermutlich ältesten Bericht von Paulus:

»*Der Herr Jesus, in der Nacht, da er verraten ward, nahm er das Brot, dankte und brach's und sprach: Das ist mein Leib, der für euch gegeben wird; das tut zu meinem Gedächtnis. Desgleichen nahm er auch den Kelch nach dem Mahl und sprach: Dieser Kelch ist der neue Bund in meinem Blut; das tut, sooft ihr daraus trinkt, zu meinem Gedächtnis*« (1 Kor 11,23–25).

Das gemeinsame Brotbrechen und das gemeinsame Weintrinken umrahmten also das eigentliche Sättigungsmahl, bei dem Jesus ankündigt, dass er noch in der gleichen Nacht von einem der Anwesenden verraten wird. Nach dem Essen geht Jesus bekanntlich mit den Jüngern Richtung Ölberg und Garten Gethsemane östlich der Stadt, wo er schließlich festgenommen wird.

Mit seiner Interpretation von Brot und Wein als Leib und Blut unterstreicht Jesus die Bedeutung seines nahen Todes als höchste Liebestat, nämlich als völlige Hingabe, mit der die Beziehung zwischen Gott und Menschen eine neue Innigkeit erhält (vgl. Abschnitt 20). Die Aufforderung zur Wie-

---

22. Zur zeitlichen Einordnung vgl. Ratzinger 2011, 128–133 und Humphreys 2011.

derholung – »das tut zu meinem Gedächtnis« – sorgt für eine stetige Erinnerung an diesen einmaligen Akt der Gottesliebe. Zugleich verbindet das Mahl durch das *eine* Brot und den *einen* Kelch die daran Teilnehmenden zu einer Gemeinschaft. Alle Gläubigen werden so symbolisch ein Teil von Jesu Leib und Blut, wie Paulus schreibt: »Ihr aber seid der Leib Christi und jeder von euch ein Glied« (1 Kor 12,27). Somit ist das Abendmahl auch eine Bestärkung der Nächstenliebe.

Die sakramentale Bedeutung des Abendmahls liegt in dem Heilsversprechen, das sich mit Jesu Christi Tod und Auferstehung verbindet: Gott hat uns darin seiner bedingungslosen Liebe versichert und schenkt uns die Hoffnung auf eine ungetrübte Gemeinschaft mit ihm. Jede Feier des Abendmahls soll nicht nur daran erinnern, sondern dieses Geschehen zeichenhaft wiederholen, damit wir in unserem Glauben an Gottes Wirken, unserer Liebe zu Gott und den Menschen und unserer Hoffnung auf eine Überwindung alles Bösen gestärkt werden. In diesem Verständnis ist das Abendmahl das Zentrum christlicher Glaubenspraxis, weil sich hier alle einzigartigen Elemente des Christentums wiederfinden.

Leider bedeutet dies nicht, dass das Abendmahl in den christlichen Kirchen auch einheitlich verstanden wird. Die Differenzen werden von den Konfessionen sogar als so gravierend empfunden, dass die unterschiedlichen Interpretationen des Abendmahls das größte Hindernis auf dem Weg zur Ökumene darstellen. Die beiden wichtigsten betreffen die Frage, wer zu einer Abendmahlsfeier zugelassen ist, und das genaue Verständnis der Präsenz von Jesus Christus in den Elementen Brot und Wein oder Hostie.

In der ersten Frage reicht die Spannweite der Antworten von »alle Menschen, auch ungetaufte« (evangelisch-methodistisch) bis zu »ausschließlich Gläubige der gleichen Kirche nach einem bestimmten Initiationsritus (Erstkommunion), die nicht in ›schwerer Sünde‹ (zum Beispiel Scheidung) leben« (römisch-katholisch). Hier scheint aus logischer Perspektive nur eine Antwort schlüssig: Der Gastgeber entscheidet, wer am Mahl teilnehmen darf und wer nicht. Und das ist in diesem Fall Christus. Es sollte also niemand einem anderen Menschen den Zugang zum Abendmahl verweigern, schon gar nicht jemandem, der danach ausdrücklich verlangt. Diese Sichtweise bestätigen die Evangelien: Jesus hat bei seinem letzten Abendmahl selbst Judas Ischariot nicht vor die Tür geschickt. Ob der Mensch des Sakramentsempfangs würdig ist oder nicht und somit an dem Heilsversprechen teilhat oder nicht, weiß Gott allein. So schrieb es auch Paulus den Korinthern:

»Der Mensch prüfe aber sich selbst, und so esse er von diesem Brot und trinke aus diesem Kelch. Denn wer so isst und trinkt, dass er den Leib des Herrn nicht achtet, der isst und trinkt sich selber zum Gericht« (1 Kor 11,28f.).

Die Frage nach der Präsenz Jesu Christi in den Abendmahlselementen ist wesentlich komplexer zu beurteilen. Bei der ersten Annäherung wird der verstandesorientiert Suchende wohl zu der reformierten Tradition nach Ulrich Zwingli und Johannes Calvin neigen. Danach sind Brot und Wein nur Symbole für Leib und Blut des Auferstandenen. Jesu Satz »Dies ist mein Leib« sei korrekt als »Dies bedeutet mein Leib« zu verstehen. In dieser Auffassung läuft das Abendmahl aber Gefahr, seinen sakramentalen Charakter zu verlieren und sich im Prinzip nicht von einer Tischgemeinschaft mit Gläubigen zu unterscheiden, die sich zu Jesus Christus bekennen. Martin Luther betonte deshalb die tatsächliche Gegenwart von Christi Leib und Blut im Abendmahl, auch wenn dieses Beharren auf der altkirchlichen Position für über vier Jahrhunderte eine Spaltung der evangelischen Bewegung bedeutete.

Auch die römisch-katholische Lehre geht von der Realpräsenz Christi im Abendmahl aus. Nach ihr verwandeln sich die Elemente durch die priesterliche Aussonderung (Konsekration) in den wahren Leib und das wahre Blut Christi. Dieser Vorgang, Transsubstantiation genannt, ist irreversibel und hat auch nach der Eucharistiefeier noch Bestand, weshalb bereits ausgesonderte, aber nicht verwendete Hostien geschützt aufbewahrt oder zur Kommunion für Kranke eingesetzt werden.

Nach diesem Verständnis ist Christus also vor der Aussonderung in den Elementen nicht gegenwärtig. Das erschwert jedoch die rationale Nachvollziehbarkeit des Abendmahlsgeschehens. Die Rede von der realen Präsenz des Erhöhten kann doch nur im Rahmen von Gottes Allgegenwart verstanden werden. Leib und Blut des Auferstandenen existieren ja nicht in Form einer stofflichen Materie, sondern bestehen aus dem Geist der alles bestimmenden Wirklichkeit. Dann aber müssen Brot und Wein für eine Begegnung mit Gott nicht erst gewandelt werden. Folgt nun aus dieser Auffassung, dass schlichtweg alles zum Sakrament werden könnte?

Nein – der Unterschied zwischen Brot und Wein des Abendmahls und der übrigen Schöpfung ist der Sinnzusammenhang, den Jesus mit seinem Abendmahl gestiftet hat. Jede Kreatur kann zwar zum Ort der Gottesbegegnung werden, aber nur mit dem gemeinsamen Brotbrechen und Weintrinken in Verbindung mit der Erinnerung an Jesu Tod verbindet sich die Heilszusage einer erneuerten, gestärkten Beziehung zu Gott.

Dieses Verständnis des Abendmahls, wie sie auch in der Leuenberger Konkordie von 1973 als gemeinsame Lesart der lutherischen, reformierten und unierten Kirchen festgehalten ist, versöhnt den alten Gegensatz von Zwingli und Luther. Die reale Gegenwart Christi wird nicht in Brot und Wein gesucht, sondern in der gemeinsamen Feier des Abendmahls, so wie sie Jesus uns gelehrt hat:

> *»Im Abendmahl schenkt sich der auferstandene Jesus Christus in seinem für alle dahingegebenen Leib und Blut durch sein verheißendes Wort mit Brot und Wein. … Die Gemeinschaft mit Jesus Christus in seinem Leib und Blut können wir nicht vom Akt des Essens und Trinkens trennen. Ein Interesse an der Art der Gegenwart Christi im Abendmahl, das von dieser Handlung absieht, läuft Gefahr, den Sinn des Abendmahls zu verdunkeln« (Leuenberger Konkordie, Art. 18f.).*

Und so finden wir im Abendmahl noch einmal alles, was den christlichen Glauben als Antwort auf die Frage nach dem Sinn des Lebens prädestiniert: die Geborgenheit in der Gemeinschaft mit anderen Menschen, die Gewissheit der Liebe Gottes und die Gültigkeit seiner Heilszusage.

Willkommen im Ziel!

ANHÄNGE

»Lasst uns laufen mit Geduld«
Interview mit der Theologin und Freizeitläuferin Margot Käßmann

Frage: Jeder Läufer kennt herausragende mentale Erfahrungen beim Laufen – sei es, dass einem die Ideen nur so zufliegen, sei es, dass man besonders gut entspannen und meditieren kann. Aber ab wann kann man von einem spirituellen Erlebnis sprechen?

Margot Käßmann: Spiritualität heißt für mich, eine Erfahrung mit Gott zu machen. Das ist möglich, indem Sie beim Laufen zum Beispiel über einen Bibelvers oder eine biblische Geschichte nachdenken. Diese Erfahrung finde ich auch, wenn ich dabei das Gespräch mit Gott, das Gebet suche. Und schließlich gibt es den Ansatz der Mystiker, die sagen: Ein vorgegebener Rhythmus – die Schritte, das Atmen – hilft uns, loszulassen, innerlich frei zu werden von dem, was uns belastet. Auch das kann ein spirituelles Erlebnis sein. Insgesamt sind das drei unterschiedliche Kategorien von Spiritualität. Ich nutze sie alle.

Eignet sich das Laufen in besonderer Weise zum Gebet?

Mir geht das so. Das Auf-dem-Weg-Sein ist ja eine biblische Kategorie – denken Sie an den Aufbruch des Volkes Israel. Aber auch Jesus hat sehr viel unterwegs mit seinen Jüngerinnen und Jüngern geredet. Der Hebräerbrief kennt das »wandernde Gottesvolk«. Wie die Emmaus-Jünger, denen auf ihrem Weg der auferstandene Jesus erscheint, sind wir immer unterwegs, Gottesbegegnungen zu machen. Wegerfahrungen sind also gut biblisch fundiert. Das kann das Laufen, aber auch das Pilgern sein. Wir beobachten zurzeit, dass immer mehr Menschen gerade auf diese Weise loslassen können, was sie im Alltag festhält, und so mit oder über Gott ins Gespräch kommen. Ich denke, dass viele Menschen Gott in ihrem Alltag oft schlicht vergessen. Es ist immer irgendetwas im Vordergrund: Arbeit, Haushalt, Kinder, Freunde. Laufen und Pilgern schaffen Abstand.

In einem Ihrer Bücher nennen Sie Routine und Disziplin als Voraussetzung für einen langfristigen Beziehungsaufbau zum Beten.[23] Das erinnert sehr ans Laufen.

Die Parallele finde ich interessant. Viele sagen ja, das Laufen bringt mir nichts, haben es allerdings nur halbherzig versucht und sind nicht dabeigeblieben. Beim Gebet ist das auch so. Da sagen manche: »Neulich habe ich mal gebetet, aber das hat nichts gebracht.« Es gilt eben, sich in beides hineinzuarbeiten und den eigenen Rhythmus zu finden. Manchmal sage ich mir morgens: Ach, muss das Laufen heute sein, bei dem Wetter? Aber wenn ich erst mal zwei Kilometer gelaufen bin, bin ich froh darüber.

Viele Menschen haben vielleicht zuletzt in ihrer Kindheit gebetet. Was würden Sie jemandem empfehlen, der es über das Laufen wieder lernen will?

Eigentlich sollte es ein Gebetbuch für Läufer geben. Solange wir das nicht haben, können wir einen Bibeltext zum Reflektieren mit auf den Weg nehmen. Es gibt zum Beispiel wunderbare Psalm-Worte – etwa den Schöpfungspsalm 104, der hervorragend zum Naturerlebnis passt. Für Einsteiger eignen sich auch die Seligpreisungen aus dem Matthäusevangelium, Kapitel 5. Es müssen ja nicht immer lange Gebete sein, Jesus hat das mit dem knappen Vaterunser ja sehr gut vorgemacht.

---

23. Käßmann 2007, 42

Beim Laufen sind die Talente ungleich verteilt – ähnlich scheint es bei der Fähigkeit zum Glauben zu sein: Manche haben es dabei ganz einfach, manche ringen ihr ganzes Leben um einen Zugang zu Gott. Warum lässt sich Gott von einigen Menschen schnell, von anderen nur schwer oder gar nicht finden?

Letzten Endes bedeutet Glauben Vertrauen. Und in unserer so aufgeklärten, wissenschaftlich-analytischen Welt fällt es vielen Menschen schwer, zu sagen: Ich vertraue mich schlicht Gott an. Ich verstehe nicht alles, da bleibt der – so Luther – deus absconditus, der verborgene Gott, den ich nie wirklich »in den Griff« bekomme. Trotzdem ist das mein Glaube, wie Jesus sage ich: Abba, lieber Vater … Oder auch: Du meine Freundin im Glauben … Gerade im Beten gehe ich eine solche Beziehung zu Gott ein, die einfach ein Wagnis ist und bleibt.

Ist Ihnen der Glaube in die Wiege gelegt worden oder gingen Sie auch den mühevollen Weg über forschen und fragen?

Da war beides: Meine Eltern haben mich im christlichen Glauben erzogen. Bibel, Gesangbuchlieder und Kirchgang waren selbstverständlicher Teil meiner Kindheit. Das beheimatet in einer Religion. Später hatte ich eigene Fragen: Wie kann Gott das zulassen? Wie können Christen Rassisten sein? Kann ein Christ in den Krieg ziehen? All das Ringen und auch das Theologiestudium haben mich den Fragen nähergebracht, aber sie niemals endgültig beantwortet. Das finde ich faszinierend: Du bleibst dein Leben lang auf der Suche nach Antworten, auch im Glauben, auch im Blick auf Gott. Es gibt nichts Fertiges, keine Enge, sondern ein weites Feld …

Und wie sind Sie zum Laufen gekommen?

Mein Einstieg liegt 25 Jahre zurück. Damals bekam ich Zwillinge und stand nun plötzlich in einem kleinen Dorf mit drei kleinen Kindern da. Mein Mann war berufstätig und ich hatte das Gefühl, irgendetwas muss es auch für mich ganz allein geben, einmal am Tag muss ich raus. In dieser Situation habe ich das Laufen für mich entdeckt und als große Freiheit für mich empfunden.

Und dabei sind Sie geblieben?

Ja, all die Jahre. Mein Tagesablauf ist zu unregelmäßig, als dass ich mich zum Tennisspielen oder zu Mannschaftssportarten fest verabreden könnte. Aber laufen kann ich immer. Ich habe die Laufschuhe schon zu Tagungen nach Brasilien mitgenommen, nach Korea, Südafrika …

Als ich kürzlich für knapp vier Monate in den USA war, habe ich lange nach einer Laufstrecke gesucht. Das ging aber meistens an Straßen entlang, immer wieder ohne Bürgersteig. Am Ende habe ich aufgegeben und bin widerwillig auf das Laufband des Wohnheims umgestiegen. Eine sehr andere Erfahrung, dir fehlt die Natur, das Abwechslungsreiche, aber ich würde ein solches Laufen nicht abgrundtief verurteilen. Es ist halt anders …

Und welche ist Ihre Lieblingsroute?

In Hannover habe ich es als Luxus empfunden, mitten in der Stadt um den See laufen zu können und die Natur und die Jahreszeiten zu beobachten. Besonders gern bin ich auch in Loccum gelaufen. Wenn wir dort in dem Kloster aus dem 12. Jahrhundert Tagungen hatten, lief ich morgens auf den alten Mönchswegen mit wunderschönem Waldboden durch den Loccumer Forst.

Ich bin auch schon mal an der Copacabana gelaufen – aber das ist mehr Schaulaufen, nichts für mich. In Bochum und Berlin werde ich erst einmal schauen müssen, wo es sich am besten laufen lässt …

Reizen Sie auch Wettkämpfe?

Ich laufe manchmal auf Charity-Veranstaltungen, etwa für Schulen. Einige Male bin ich auch den zehn Kilometer langen Pro-Toleranz-Lauf im Rahmen des Hannover-Marathons mitgelaufen. Außerdem laufe ich fast jedes Jahr eine Etappe beim Nordseelauf, den ich vor neun Jahren in meiner damaligen Funktion als Landesbischöfin gemeinsam mit den Tourismusverbänden als »Lauf gegen Gewalt« ins Leben gerufen habe.

*Hat Ihnen das Laufen in der Zeit Ihrer Krebserkrankung 2006 gehol-
fen?*

Erst mal hat mir das Laufen wirklich gefehlt. Ich bin an einem Montag in
die Klinik und am Sonntag davor noch mal um den Maschsee gelaufen.
Dabei habe ich mich so fit gefühlt, dass ich am liebsten zwei Runden gelaufen wäre. Dieser Widerspruch war sehr frustrierend: Einerseits fühlte ich
mich supergut, andererseits musste ich diesen Knoten im Krankenhaus ent-
fernen lassen. Während der Strahlentherapie nach der OP durfte ich ungefähr drei Monate gar nicht laufen, dann konnte ich langsam wieder aufbauen.
Am 1. Januar 2007 bin ich erstmals wieder ganz um den See. Die körperliche
Fitness hat mir geholfen, schneller auf die Beine zu kommen und die Strahlentherapie leichter wegzustecken.

Die Laufroutine hat mir immer wieder geholfen, in den Umbrüchen
meines Lebens »bei Sinnen« zu bleiben, mich zu konzentrieren, den Ärger
loszulassen, frei zu werden von dem, was andere sagen und andeuten …

*In einem Ihrer Bücher beschreiben Sie 16 Grundvariationen der Spi-
ritualität – darunter Pilgern, Tanz, Meditation und Fasten.[24] Warum
ist Laufen nicht dabei?*

Stimmt, das hätte ich noch einfügen können. Am meisten mitberücksichtigt
ist es im Kapitel Pilgern. Da ging es mir ja um den Aspekt, Körperlichkeit
auch als einen Teil von Glaubenserfahrung zu verstehen. Kirche und Sport
sind sich ja nicht immer gleich so nah. Da können wir noch viel ausbauen,
finde ich.

An was denken Sie da?

Zum Beispiel an kirchliche Lauftreffs für Jugendliche zur Gewaltpräven-
tion.

---

24. Käßmann 2007, 121–181

Generell tut sich die Kirche ja schwer mit dem Körper. Meist wird der eher als Sündenquell, nicht als Wunderwerk der Schöpfung gesehen.

Das ist in der theologischen Tradition ein großes Problem. Schon Paulus hat ja eine gewisse Leibfeindlichkeit an den Tag gelegt. Das hängt sicher auch damit zusammen, dass Sexualität immer als Gefahr gesehen wurde, weil dabei kaum kontrollierbare Kräfte walten. Ich finde das schade, denn der Körper ist doch auch ein Geschenk Gottes. Wir sollten ihn nicht nur als Ort des Leidens, sondern auch als Ort kraftstrotzender Gesundheit sehen. Dieser Gedanke ist für die Kirche oft neu. Aber es verändert sich etwas – denken Sie an die große Begeisterung für das Pilgern. Die Menschen haben Sehnsucht nach körperlichen Erfahrungen des Glaubens.

Gibt es gar keine gegenläufige theologische Tradition?

Die lutherische Seite der Reformation hat durchaus Blick fürs Sinnliche. Zwar war Luther kein Sportler, aber er hat gern gegessen, gern getrunken und hat mit seiner Familiengründung erklärt: Gelebte Sexualität ist nicht geringer zu achten als der Zölibat, sie ist doch auch gottgewollt.

Da wäre es doch mal an der Zeit für eine Predigt über das Laufen. Hätten Sie dafür schon ein Bibelwort parat?

Da würde ich vor allem an den Hebräerbrief denken und das erwähnte »wandernde Gottesvolk«: »Lasst uns ablegen alles, was uns beschwert, und lasst uns laufen mit Geduld« (Hebr 12,1). Das macht deutlich, dass man im Leben nie fest steht, sondern sich immer bewegt. Immer dann, wenn wir alles am meisten festhalten wollen, merken wir ja oft, wie unsere Sicherheiten zerbrechen.

ANHANG B

Tipps zum meditativen Laufen

1. So lernen Sie laufen

Um den meditativen Effekt des Laufens genießen zu können, sollte man mindestens 30 Minuten am Stück joggend durchhalten. Die Bewegung muss so leicht fallen, dass man dabei nicht andauernd mit seinem Körper, mit seiner Atmung oder seinen Muskeln beschäftigt ist. Auch wenn Sie derzeit noch gar nicht laufen, können Sie diesen Trainingszustand in der Regel binnen zwölf Wochen erreichen, ohne sich dabei zu überfordern.

Doch bevor Sie die Laufschuhe schnüren und losrennen, empfiehlt sich ein ärztlicher Check-up – insbesondere dann, wenn einer der folgenden Risikofaktoren bei Ihnen zutrifft:

▶ Ihr Körpergewicht liegt mehr als 25 Prozent über dem Idealgewicht (Faustformel: Körpergröße in cm minus 100; Ergebnis für Männer mit 0,9, für Frauen mit 0,85 multiplizieren).
▶ Bei Ihnen liegt eine Vorschädigung des Herzens vor.
▶ Ihr Blutdruck übersteigt 140/90 mm Hg.
▶ Ihr Ruhepuls liegt über 75 Schlägen pro Minute.
▶ Sie sind abhängig von Nikotin, Alkohol oder anderen Drogen.

Laufen ist ein preiswerter Sport. Bei den wenigen Dingen, die Sie brauchen, sollten Sie deshalb nicht sparen. Das gilt vor allem für gut sitzende, Ihrem Laufstil angepasste Schuhe, für deren richtige Auswahl eine Beratung in einem Fachgeschäft unumgänglich ist. Auch eine speziell für das Laufen entwickelte Funktionskleidung macht sich bezahlt – gerade dann, wenn Sie mit gemischten Trainingseinheiten Laufen/Gehen beginnen und intervallweise ins Schwitzen kommen. Atmungsaktive Stoffe sorgen dafür, dass der Schweiß schnell nach außen transportiert wird. Wenn Sie für jedes Wetterszenario gerüstet sein wollen, brauchen Sie: eine kurze und eine lange Laufhose, ein kurzärmliges und ein langärmliges Shirt, die Sie auch übereinander tragen können, eine Weste, eine eher dünnere und eine eher dickere Jacke, dazu Laufstrümpfe, Halstuch, Mütze und Handschuhe.

Die wichtigste Vorbereitung für regelmäßiges Laufen besteht aber darin, dass Sie sich feste Zeiten dafür reservieren. Mit diesen Verabredungen, die Sie mit sich selbst treffen, sollten Sie nicht zu flexibel sein. Sonst sind Sie am Ende der Woche allen anderen gerecht geworden – nur Ihren eigenen Zielen nicht. Sagen Sie also ruhig einmal einen Termin ab, wenn Sie in dieser Zeit einen Lauf geplant hatten. Für die zwölf Wochen des folgenden Einsteigerplans reichen zwei feste Zeiten pro Woche von jeweils einer knappen Stunde (inklusive Umziehen und Duschen), in denen Sie jeweils die gleiche Trainingseinheit absolvieren:

1. Woche	2 Minuten (min) schnelles Gehen zum Aufwärmen
	7 x 1 min Laufen mit jeweils 2 min Gehpause
	2 min Gehen mit abnehmender Geschwindigkeit
2. Woche	2 min schnelles Gehen
	10 x 1 min Laufen mit jeweils 2 min Gehpause
	2 min Gehen
3. Woche	2 min schnelles Gehen
	7 x 2 min Laufen mit jeweils 1 min Gehpause
	2 min Gehen
4. Woche	2 min schnelles Gehen
	5 x 3 min Laufen mit jeweils 1 min Gehpause
	2 min Gehen
5. Woche	2 min schnelles Gehen
	4 x 4 min Laufen, 1 min Gehpause
	2 min Gehen

6. Woche	2 min schnelles Gehen
	3 x 5 min Laufen, 1 min Gehpause
	2 min Gehen
7. Woche	2 min schnelles Gehen
	3 x 6 min Laufen, 1 min Gehpause
	2 min Gehen
8. Woche	2 min schnelles Gehen
	2 x 8 min Laufen, 1 min Gehpause
	2 min Gehen
9. Woche	2 min schnelles Gehen
	2 x 12 min Laufen, 1 min Gehpause
	2 min Gehen
10. Woche	2 min schnelles Gehen
	20 min Laufen
	3 min Gehen
11. Woche	2 min schnelles Gehen
	2 x 18 min Laufen, 1 min Gehpause
	2 min Gehen
12. Woche	30 min Laufen

2. So lernen Sie meditativ laufen

Fast alle Laufeinsteiger sind überrascht, wie schnell sie Fortschritte machen. Schon nach wenigen Monaten überwinden sie Distanzen, von denen sie am Anfang nicht zu träumen wagten. Das stachelt bei vielen Läufern den Ehrgeiz an – sie trainieren noch härter, setzen sich immer höhere sportliche Ziele, bis sie eines Tages von einer Verletzung gestoppt werden oder von ihrer Enttäuschung, dass die Leistungskurve nicht immer so steil nach oben zeigt.

Wer die meditative Seite des Laufens genießen möchte, sollte seinen sportlichen Ehrgeiz zügeln. Damit ist nicht gesagt, dass harte Trainingseinheiten einen kreativen Gedankenschub ausschließen. Aber es fällt wesentlich schwerer, seinen Denkimpulsen freien Lauf zu lassen, wenn man gleichzeitig ein durch den Trainingsplan bestimmtes Programm durchziehen will, bei dem man sich auch auf Zeiten, Distanzen, Intervalle und Herzfrequenzen konzentrieren muss.

Für den Läufer, der das Meditative der sportlichen rhythmischen Bewegung entdecken will, empfiehlt sich ein ganz anderes »Trainingsprogramm« – ohne quantitative Vorgaben, strikt im Wohlfühltempo, nur mit gedanklichen Aufgabenstellungen. Einige Anregungen für solche Läufe, mit denen Sie sich für spirituelle Erfahrungen vorbereiten:

1. Wenn Sie über etwas Konkretes nachdenken möchten, laufen Sie nach der Dämmerung eine ausreichend beleuchtete Strecke. So minimieren Sie äußere Eindrücke. Versuchen Sie in einem lockeren Tempo Ihren Rhythmus zu finden und geben Sie sich keine konkreten Ziele vor (»Ich muss das jetzt lösen!«).

2. Stellen Sie sich während des Laufens ab und zu mal eine Gesprächssituation vor: Sie erklären etwas Ihren Eltern, einer alten Schulfreundin, Ihrem Religionslehrer, einem früheren Chef, der für Sie zum Vorbild wurde.

3. Nehmen Sie sich vor, etwa alle 200 Meter ein Jahr Ihres Lebens Revue passieren zu lassen. Sie können dabei auch die ersten Jahre zusammenfassen oder die letzten zehn auf größere Distanzen strecken. Ideal für einen Lauf in der Stadt der Kindheit.

4. Laufen Sie mit dem Vorsatz los, über die drei größten Vorbilder in Ihrem Leben nachzudenken, über die drei Bücher, die Ihr Leben verändert haben, über drei Menschen, die Sie gerne mal wieder treffen würden … – und widmen Sie jeweils ein Drittel Ihres Laufs jedem Einzelnen.

5. Suchen Sie sich einen Laufpartner, mit dem sich gute, symmetrische Gespräche ergeben. Erst werden Sie über vieles, nach ein paar Wochen über alles reden.

6. Nur für erfahrene Läufer und nicht für Werktage geeignet: Gehen Sie mal morgens nüchtern auf einen sehr langen Lauf. Kaffee ist erlaubt, dann fällt der Einstieg leichter. Ab ca. 90 Minuten werden Sie über Dinge nachdenken, die Ihnen jetzt im Traum nicht einfallen.

7. Wenn Sie gerne mit einem Musikplayer laufen, mixen Sie Playlists für Stimmungen, benennen Sie diese nach Farben (z. B. »blau« für Ruhiges, »grün« für Anspruchsvolles, »rot« für Rockiges) und hören Sie diese auch mal antizyklisch: also etwa Playlist »blau«, obwohl Sie heute Bäume ausreißen könnten. Damit lernen Sie, Ihre Stimmungen zu kontrollieren, zu verlängern oder zu verstärken.

8. Wenn Sie etwas bedrückt, sollten Sie intensiver trainieren – auch wenn es zunächst schwerfällt. Nur so ist Ihr Gehirn gezwungen, loszulassen,

um sich auf die Koordination zu konzentrieren. Hinterher werden Sie erleichtert auf das Problem blicken.

3. So gestalten Sie sich Ihre eigene Laufliturgie

Bald wird Ihnen das Laufen ein Bedürfnis sein. Sie sehnen sich geradezu nach den wohltuenden körperlichen und den reinigenden geistigen Effekten. Wenn Sie dieses Stadium erreicht haben, Ihnen also das Laufen in Fleisch und Blut übergegangen ist, dann können Sie diese körperliche und geistige Kraftquelle auch für eine Begegnung mit Gott nutzen.

Physiologisch und psychologisch gesehen sind Laufen und Beten nahe Verwandte. Eine Studie der Deutschen Sporthochschule Köln von 2011 hat diese Beziehung wissenschaftlich untersucht. Projektleiter Stefan Schneider vom Institut für Bewegung und Neurowissenschaft beschreibt den überraschenden Befund: »Sowohl bei ›Betern‹ als auch bei ›Läufern‹ kommt es zu psychophysiologischen Entspannungsprozessen, die sowohl an objektivierbaren, physiologischen Parametern als auch in der subjektiven Bewertung des Probanden nachweisbar sind.« Bei beiden Gruppen verbesserte sich signifikant nach dem Training bzw. nach dem Gebet die Wahrnehmung der eigenen Gesundheit, der Motivationslage und der psychischen Beanspruchung. Beim EEG verschob sich bei beiden Probandengruppen die sogenannte Peak Alpha Frequenz nach rechts, woraus man allgemein auf eine Verbesserung der kognitiven Leistungsfähigkeit schließt.

Laufen und Beten, beides sind Tätigkeiten, in denen man im Idealfall ganz aufgehen kann, die ein Gefühl des »Flow« vermitteln können, in denen wir uns ganz mit uns selbst, mit »Gott und der Welt« eins fühlen. Um wie viel intensiver muss dies gelingen, wenn wir beides miteinander verknüpfen! Ich kann diese Kombination nur jedem empfehlen, der eine intensive Zwiesprache mit Gott halten will. Es ist viel einfacher, sich beim Laufen ganz auf eine Sache zu konzentrieren als beispielsweise in einer Kirche mit vielen Menschen, in der so vieles ablenken kann, oder im berühmten »stillen Kämmerlein«, wo die plötzliche Ruhe – wenn man sie denn dort findet – auch überfordern kann.

Ein Lauf dauert in den meisten Fällen länger als ein Gebet. Man kann deshalb einen Lauf, bei dem man Gott begegnen möchte, mit mehr spirituellen Zugängen als nur einem Gebet gestalten und sich so regelrecht eine

Laufliturgie schaffen. Auch dazu einige Anregungen (siehe dazu auch meine Homepage www.Spirituelles-Laufen.de):

1. Suchen Sie sich eine Laufstrecke, auf der wenigstens einige Abschnitte die Schönheit der Schöpfung widerspiegeln. Auch in Großstädten gibt es solche Oasen. Meine Lieblingsstrecke in Hamburg führt mich beispielsweise in den Jenischpark, ein 42 Hektar großes Gelände direkt an der Elbe, in dem sich ein Naturschutzgebiet, großflächige Wiesen und alte Baumbestände zu einem harmonischen Ensemble verbinden. Aus jeder Sichtachse wirkt dieser Park anders; ich habe ihn für mich in »Paradies« umgetauft und danke Gott bei jeder Runde für diese Schönheit mitten in einer Millionenmetropole.

2. Erwarten Sie keine Wunder auf den ersten Schritten. Man muss auch als erfahrener Läufer jedes Mal aufs Neue seinen Rhythmus finden. Um die Zeit zur Einstimmung zu nutzen, können Sie eine Wiedergabeliste mit rhythmischer geistlicher Musik auf Ihrem Player einrichten, die Sie auf den ersten 15 Minuten begleitet.

3. Nach dieser Einstimmung ist das Vaterunser der beste Zugang zu Gott. Jesus selbst hat dieses Gebet als das maßgebliche seinen Jüngern empfohlen. Wenn Sie Satz für Satz langsam vor sich hin sprechen und versuchen, den Sinn zu erfassen (siehe Abschnitt 33) und mit Ihren eigenen Gedanken, Sorgen, Bitten anzufüllen, dann werden Sie am Schluss alles gesagt haben, was Ihnen auf dem Herzen liegt. Der kraftvolle Schluss des Vaterunsers wird Sie trösten und beflügeln.

4. Gewissermaßen als Predigt-Äquivalent könnten Sie nach dem Vaterunser über ein spirituelles Thema oder über einen Bibelspruch nachdenken. Als Inspirationsquelle unübertroffen sind die Herrnhuter Losungen (siehe Abschnitt 31), die täglich gleich zwei in Spannung stehende Bibelzitate für Sie rausgesucht haben. Diese können Sie für ein Jahr als Buch kaufen oder als kostenlosen täglichen Newsletter per Mail abonnieren (www.losungen.de).

5. Zum Ausklang bietet sich wieder musikalische Untermalung an. Die Bandbreite geistlicher Musik ist so weit wie die der Geschmäcker – da findet sich für jeden und für jede Stimmung etwas: rhythmische Gospels und epische Messen, monumentale Orgelwerke und poppig aufbereitete Kirchenlieder, ernste Choräle und große Kunstwerke an klassischer, göttlich inspirierter Instrumentalmusik.

Das alles zusammen kann sich zu einer intensiven Andacht verbinden, die Sie in Ihrem Leben bald nicht mehr missen möchten. Ich kenne kein anderes Erlebnis, bei dem man so deutlich die Einheit von Körper, Geist und Seele spürt. Beim spirituellen Laufen entdeckt man seinen Körper quasi als Tempel, in dem man Gott preist, und versteht umso besser Paulus' Appell an die Korinther:

> *»… wisst ihr nicht, dass euer Leib ein Tempel des Heiligen Geistes ist, der in euch ist und den ihr von Gott habt, und dass ihr nicht euch selbst gehört? Denn ihr seid teuer erkauft; darum preist Gott mit eurem Leibe« (1 Kor 6,19f.).*

Eine solche Laufliturgie ist aber kein Gottesdienst – dafür fehlt das Erlebnis der Gemeinschaft und das nur in dieser Gemeinschaft mögliche Abendmahl. Aber wenn Sie (wie ich) bislang noch keine Kirche entdeckt haben, in der Sie einschränkungslos die Nähe zu Gott spüren, dann kann Sie eine regelmäßige Laufandacht wenigstens in der Gewissheit bestärken, zum »wandernden Gottesvolk« im Sinne des Hebräerbriefes zu gehören (siehe Verpflegungsstation 3). »Menschen bleiben wohl ein Leben lang Gottsuchende«, schreibt Margot Käßmann, aber auf diesem Weg »werden sie Gotteserfahrungen machen« (Käßmann 2011, 125). Das Titel-Versprechen dieses Buches, ein »Marathon zu Gott«, hat sich damit, so hoffe ich, erfüllt. Um zu einer Konfession zu führen, ist wohl eine noch längere Distanz nötig. Aber der Ausdauerlauf hört ja bei 42,2 Kilometern bekanntlich nicht auf.

LITERATURVERZEICHNIS

ALT, Franz: Gute Politik nur mit der Bergpredigt. In: Evangelische Zeitung 27/2007 vom 4. Juli 2007

ANSELM VON CANTERBURY: Proslogion (lateinisch/deutsch). Übersetzung, Anmerkungen und Nachwort von Robert Theis. Stuttgart 2005

ARISTOTELES: Nikomachische Ethik. Reinbek 2006

BARTCHY, S. Scott: Der historische Jesus und die Umkehr der Ehre am Tisch. In: Stegemann u. a. (Hgg.), 224–229

BENNETT, Maxwell, DENNETT, Daniel, HACKER, Peter und SEARLE, John: Neurowissenschaften und Philosophie. Gehirn, Geist und Sprache. Berlin 2010

BERGER, Klaus: Im Anfang war Johannes. Stuttgart 1997

BERGER, Klaus und NORD, Christiane (Hgg.): Das Neue Testament und frühchristliche Schriften. Übersetzt und kommentiert von Klaus Berger und Christiane Nord. Frankfurt am Main 1999

BOLZ, Norbert: Das Wissen der Religionen – Betrachtungen eines religiös Unmusikalischen. München 2008

BONHOEFFER, Dietrich: Vorlesung »Christologie« (Nachschrift). In: Dietrich Bonhoeffer Auswahl. Hg. v. Christian Gremmels und Wolfgang Huber. Bd. 2: Gegenwart und Zukunft der Kirche 1933–1935. S. 139–170

BONHOEFFER, Dietrich: Predigt zu I Kor 13, 4–7 (1934). In: Werke, Bd. 13: London 1933–1935. Hg. v. Hans Goedeking u. a. Gütersloh 1994. S. 386–392

BONHOEFFER, Dietrich: Rechenschaft an der Wende zum Jahr 1943 – nach zehn Jahren (1942). In: Dietrich Bonhoeffer Auswahl. Hg. v. Christian Gremmels und Wolfgang Huber. Bd. 4: Konspiration 1939–1943. Gütersloh 2006, 209–230

BORNKAMM, Heinrich: Luthers Vorreden zur Bibel. Frankfurt am Main 1985

BROMAND, Joachim und KREIS, Guido (Hgg.): Gottesbeweise von Anselm bis Gödel. Berlin 2011

BRUMMER, Andreas u. a. (Hgg.): Evangelischer Erwachsenenkatechismus. Suchen – glauben – leben. 8. neu bearb. Auflage. Gütersloh 2010

BULTMANN, Rudolf: Welchen Sinn hat es, von Gott zu reden? (1925) In: Ders.: Glauben und Verstehen. Bd. 1. Tübingen 1961, S. 26–37

CAMUS, Albert: Der Fall. Hamburg 1957

CAMUS, Albert: Der Mythos von Sisyphos – ein Versuch über das Absurde. Hamburg 1959

CLAUSSEN, Johann Hinrich: Die 101 wichtigsten Fragen – Christentum. 3. Auflage. München 2008

DAVIES, Paul: Gott und die moderne Physik. München 1989

DAWKINS, Richard: Der Gotteswahn. Berlin 2007

EASTERLIN, Richard: Will Raising the Incomes of All Increase the Happiness of All? In: Journal of Economic Behavior and Organization, 27/1 (Juni 1995), 35–48

EASTERLIN, Richard u. a.: The Happiness-Income Paradox Revisited. In: Proceedings of the National Academy of Sciences. December 13, 2010. Online-Veröffentlichung unter: www.pnas.org/content/early/2010/12/08/1015962107.abstract

ERIKSON, Erik: Kindheit und Gesellschaft. Zürich 1957

FREUD, Sigmund: Die Zukunft einer Illusion (1927). In: Studienausgabe, Band IX, hg. v. Alexander Mitscherlich u. a. Frankfurt am Main 1974, S. 135–189

FREUD, Sigmund: Der Mann Moses und die monotheistische Religion (1939). In: Studienausgabe, Band IX, hg. v. Alexander Mitscherlich u. a. Frankfurt am Main 1974, S. 455–581

FREY, Jörg: Probleme der Deutung des Todes Jesu in der neutestamentlichen Wissenschaft. In: Frey/Schröter (Hgg.), S. 3–50

FREY, Jörg und SCHRÖTER, Jens (Hgg.): Deutungen des Todes Jesu im Neuen Testament. Tübingen 2005

GERTZ, Jan Chr. (Hg.): Grundinformation Altes Testament. Dritte, überarbeitete Auflage. Göttingen 2008

GIBSON, Shimon: Die letzten sieben Tage Jesu – die archäologischen Tatsachen. München 2010

GLEI, Reinhold F.: Et invidus et inbecillus. Das angebliche Epikurfragment bei Laktanz, De ira dei 13,20–21. In: Vigiliae Christianae 42 (1988), S. 47–58

HABERMAS, Jürgen: Ein Bewusstsein von dem, was fehlt – über Glauben und Wissen und Defaitismus der modernen Vernunft. In: Neue Zürcher Zeitung vom 10. Februar 2007, S. 71

HÄRLE, Wilfried: Dogmatik. Dritte, überarbeitete Auflage. Berlin 2007

HÄRLE, Wilfried: Die Bedeutung des Gottesglaubens – naturwissenschaftliche Religionskritik und der christliche Glaube an Gott (2009). Zitiert nach dem unveröffentlichten Manuskript auf seiner Homepage www.w-haerle.de

HEMPELMANN, Heinzpeter: Der Neue Atheismus – und was Christen von ihm lernen können. Gießen 2010

HOFFMANN, Paul und HEIL, Christoph (Hg.): Die Spruchquelle Q. Studienausgabe Griechisch und Deutsch. 3. Auflage. Darmstadt 2009

HORSTER, Detlef: Warum moralisch sein? – Rechte und Pflichten, Werte und Normen. In: Herbert Schnädelbach, Heiner Hastedt, Geert Keil (Hgg.): Was können wir wissen, was sollen wir tun? Zwölf philosophische Antworten. Hamburg 2009, S. 50–68

HUBER, Wolfgang: »Ich war selbst Schichtarbeiter« (Interview). In: »Die Zeit« vom 15. November 2007, S. 9

HUBER, Wolfgang: Der christliche Glaube – eine evangelische Orientierung. Gütersloh 2008

HUMPHREYS, Colin: The Mystery of the Last Supper: Reconstructing the Final Days of Jesus. Cambridge 2011

JANOWSKI, Bernd: Das Leben für andere hingeben – alttestamentliche Voraussetzungen für die Deutung des Todes Jesu. In: Frey/Schröter, S. 97–118

JANOWSKI, J. Christine: Allerlösung – Annäherungen an eine entdualisierte Eschatologie. 2 Bde. Neukirchen-Vluyn 2000

JÜNGEL, Eberhard: Untergang oder Renaissance der Religion? Überlegungen zu einer schiefen Alternative. In: ders.: Indikative der Gnade – Imperative der Freiheit. Tübingen 2000, S. 24–39

KÄSEMANN, Ernst: Das wandernde Gottesvolk. Eine Untersuchung zum Hebräerbrief. 4. Auflage. Göttingen 1961

KÄSSMANN, Margot: Werte weitergeben. Erziehung und Spiritualität (2004). Vortragsmanuskript zum Download unter www.eeb-freiburg.de/spektrumspirituell/kaessmann-2004-10-12.pdf

KÄSSMANN, Margot: Wurzeln, die uns Flügel schenken – Glaubensreisen zwischen Himmel und Erde. Gütersloh 2005

KÄSSMANN, Margot: Mit Herzen, Mund und Händen – Spiritualität im Alltag leben. Gütersloh 2007

KÄSSMANN, Margot: Das große Du – das Vaterunser. Hannover 2010 (a)

KÄSSMANN, Margot: Sprengkraft des Evangeliums – die Seligpreisungen. In: Kasseler Sonntagsblatt Nr. 37/132 vom 12. September 2010 (b)

KÄSSMANN, Margot: Hoffnung unterm Regenbogen – oder: In der Not ein Halleluja singen. Frankfurt 2010 (c)

KÄSSMANN, Margot: Sehnsucht nach Leben. Asslar 2011

KANT, Immanuel: Grundlegung zur Metaphysik der Sitten (1786). In: Werksausgabe, Bd. VII, hg. v. Wilhelm Weischedel. Frankfurt am Main 1968. S. 7–102

KANT, Immanuel: Kritik der reinen Vernunft (1787). In: Werksausgabe, Bd. IV, hg. v. Wilhelm Weischedel. Frankfurt am Main 1968

KANT, Immanuel: Die Religion innerhalb der Grenzen der bloßen Vernunft (1794). In: Werksausgabe, Bd. VIII, hg. v. Wilhelm Weischedel. Frankfurt am Main 1968. S. 645–879

KRIEGER, Klaus-Stefan: Was sagte Jesus wirklich? Die Botschaft der Spruchquelle Q. Münsterschwarzach 2004

KÜNG, Hans: Christ sein (1974). 5. Auflage. München 2008

KÜNG, Hans: Projekt Weltethos. München 1990

KÜNG, Hans: Was ich glaube. München 2009

KUHN, Thomas S.: Die Struktur wissenschaftlicher Revolutionen. Frankfurt am Main 1967

LAPIDE, Pinchas: Ist die Bibel richtig übersetzt? Gütersloh 2004

LEIBNIZ, Gottfried Wilhelm: Die Theodizee von der Güte Gottes, der Freiheit des Menschen und dem Ursprung des Bösen (1719). In: ders.: Philosophische Schriften. Bd. II/1 und 2. Hg. und übers. v. Herbert Herring. Darmstadt 1985

MARQUARD, Odo: Rechtfertigung, Bemerkungen zum Interesse der Philosophie an der Theologie. In: Gießener Universitätsblätter, Heft 1, 1980, S. 78–87

NETTLE, Daniel: Glücklich sein. Was es bedeutet und wie man es wird. Köln 2009

NEUSNER, Jacob: Ein Rabbi spricht mit Jesus. Freiburg 2007

PENROSE, Roger: The Emperor's New Mind – concerning Computers, Minds, and the Laws of Physics. Oxford 1989

QUINE, Willard Van Orman: Ontologische Relativität und andere Schriften. Stuttgart 1975

RATZINGER, Joseph: Salz der Erde – Christentum und katholische Kirche im neuen Jahrtausend. Ein Gespräch mit Peter Seewald (1996). Aktualisierte Taschenbuchauflage. München 2004

RATZINGER, Joseph: Jesus von Nazareth. Erster Teil: Von der Taufe im Jordan bis zur Verklärung. Freiburg 2007

RATZINGER, Joseph: Jesus von Nazareth. Zweiter Teil: Vom Einzug in Jerusalem bis zur Auferstehung. Freiburg 2011

RAWLS, John: Eine kurze Untersuchung über die Bedeutung von Sünde und Glaube: eine Auslegung anhand des Begriffs der Gemeinschaft (1942). In: Rawls 2010, S. 129–300

RAWLS, John: Eine Theorie der Gerechtigkeit. Frankfurt am Main 1979

RAWLS, John: Über meine Religion (1997). In: Rawls 2010, S. 301–312

RAWLS, John: Über Sünde, Glaube und Religion. Hg. v. Thomas Nagel. Frankfurt am Main 2010

ROLOFF, Jürgen: Einführung in das Neue Testament. Stuttgart 1995

ROLOFF, Jürgen: Jesus. 4. Auflage. München 2007

ROSENAU, Hartmut: Allversöhnung – ein transzendentaltheologischer Grundlegungsversuch. Berlin/New York 1993

RUSSELL, Bertrand: Is there a God? (1952). In: The Collected Papers of Bertrand Russell, Volume 11: Last Philosophical Testament, 1943–68. Hg. v. John G. Slater und Peter Köllner. London 1997, S. 543–548

SCHNACKENBURG, Rudolf: Die Neue Echter Bibel – Kommentar zum Neuen Testament mit der Einheitsübersetzung. Band 1: Matthäusevangelium 1,1–16,20. Würzburg 1985

SCHNELLE, Udo: Einleitung in das Neue Testament. 6. Auflage. Göttingen 2007 (a)

SCHNELLE, Udo: Theologie des Neuen Testaments. Göttingen 2007 (b)

SCHREIBER, Mathias: Die Zehn Gebote – eine Ethik für heute. München 2010

STEGEMANN, Ekkehard W.: Jesu Stellung im Judentum seiner Zeit. In: Stegemann u. a. (Hgg.), S. 237–245

STEGEMANN, Wolfgang: Kontingenz und Kontextualität der moralischen Aussagen Jesu. In: Stegemann u. a. (Hgg.), S. 167–184

STEGEMANN, Wolfgang, MALINA, Bruce J., THEISSEN, Gerd (Hgg.): Jesus in neuen Kontexten. Stuttgart 2002

STUTTGARTER ERKLÄRUNGSBIBEL – die Heilige Schrift nach der Übersetzung Martin Luthers mit Einführungen und Erklärungen. Hg. von der Evangelischen Kirche in Deutschland. Stuttgart 1999

THEISSEN, Gerd: Die politische Dimension des Wirkens Jesu (2002). In: Stegemann u. a. (Hgg), S. 112–122

THEISSEN, Gerd: Das Neue Testament. 4. Auflage. München 2010

THEISSEN, Gerd und MERZ, Annette: Der historische Jesus. Ein Lehrbuch. Göttingen 1996

VERDOODT, Albert: Jesus und Paulus – was wir von sozialwissenschaftlichen Modellen lernen können. In: Stegemann u. a. (Hgg.), S. 230–236

WEBER, Max: Briefe 1909–1910. Gesamtausgabe, Abt. 2, Bd. 6. Hg. v. Rainer Lepsius und Wolfgang J. Mommsen. Tübingen 1994

WESTERMANN, Claus: Gottes Engel brauchen keine Flügel – was die Bibel von den Engeln erzählt. Stuttgart 1989

WITTGENSTEIN, Ludwig: Tractatus logico-philosophicus. Tagebücher 1914–1916. Philosophische Untersuchungen. Werkausgabe, Bd. 1. 19. Auflage. Frankfurt am Main 1984

ZIMMERMANN, Ruben: »Deuten« heißt erzählen und übertragen. In: Frey/Schröter (Hgg.), S. 315–373

ZINK, Jörg: Die goldene Schnur – Anleitung zu einem inneren Weg. Stuttgart 2008

ABKÜRZUNGS- UND BIBELSTELLENVERZEICHNIS

Alle biblischen Bücher werden, soweit nicht anders angegeben, nach der Übersetzung Martin Luthers in der Bearbeitung der Stuttgarter Erklärungsbibel und in neuer Rechtschreibung zitiert. Die Schreibweise biblischer Namen und Ortsbezeichnungen folgt weitgehend den Loccumer Richtlinien.

Gen Genesis (Das erste Buch Mose)

1,2	78
1,2–2,4	45, 102
1,26	101
1,28	101
1,31	101
2,4–25	45, 102
2,7	78
2,15	102
3,4f.	131
3,17	131
3,24	143
18,20–33	44

Ex Exodus (Das zweite Buch Mose)

3,14	39
19,16–19	31
20,2	34
20,2f.	83
20,2–17	32, 33
20,4	41
20,16	91
20,17	33
21,22f.	95
21,24f.	62
23,4f.	62
31,18	31
32,19	31
33,12–23	44
33,18	42
33,20	42
34,1	31
34,27f.	31

Lev Levitikus (Das dritte Buch Mose)

11	63
19,18	90
19,33f.	62

Num Numeri (Das vierte Buch Mose)

12,3	100

24,14–24	79

Dtn Deuteronomium (Das fünfte Buch Mose)

4,13	32
4,15–19	41
5,6–21	33
5,8f.	34
5,21	34
6,5	90
10,4	32
21,22f.	72, 77
24,1–4	112
24,3	112

Ri Das Buch der Richter

6,34–38	79
11,29–33	79
14,5f.	79

1 Sam Das erste Buch Samuel

16,13	79

2 Sam Das zweite Buch Samuel

7,11–16	68

2 Kön Das zweite Buch der Könige

5,1–14	150

Hi Das Buch Hiob

1,6–12	133
2,10	142
42,17	142

Ps Das Buch der Psalmen

1,1–6	159f.
6,6	155
22	135f.
22,2	77
23,1–6	137
109,6	133

187

PERSONENREGISTER